The Lotus and the Artichoke

¡MÉXICO!

Eine kulinarische Entdeckungsreise mit über 60 veganen Rezepten

Justin P. Moore

The Lotus and the Artichoke
MEXICO – Eine kulinarische Entdeckungsreise mit über 60 veganen Rezepten

3. Auflage November 2021

Design, Illustration & Fotografie: © Justin P. Moore
Übersetzung ins Deutsche: Julia Augustin

Druck und Bindung: Buchdruck Zentrum

© für diese Ausgabe Ventil Verlag UG (haftungsbeschränkt) & Co. KG
Edition Kochen ohne Knochen

ISBN 978-3-95575-034-3

Ventil Verlag
Boppstr. 25
D-55118 Mainz
www.ventil-verlag.de

www.lotusartichoke.com
facebook.com/lotusartichoke
instagram.com/lotusartichoke

THE LOTUS AND THE ARTICHOKE
JPM
MÉXICO

MÉX
THE LOTUS AND
2
LA PEÑITA DE JALTEMBA
LO DE MARC
SAN PANCH
SAYULITA
BUCER
PUERTO V
OCÉANO PACÍFICO

THE LOTUS AND THE ARTICHOKE
VEGAN MENU
CONSCIOUS KITCHEN
0
TICHOKE
2014
ANAJUATO
LAJARA
TEOTIHUCÁN
UDAD DE
MÉXICO
(D.F.)
TEPOZTLÁN
GUADALAJARA
ZAPOPAN
TLAQUEPAQUE
TONALA
RUTA MINERVA

DESSERTS & DRINKS

SALSAS & GRUNDREZEPTE

Über dieses Kochbuch

Ich liebe es, zu reisen, fremde Kulturen zu entdecken, neue Sachen auszuprobieren, andere Sprachen zu hören und unseren wunderbaren Planeten zu erkunden. Meine Familie war früher viel unterwegs, sodass ich schon mit fünf Jahren meinen ersten Flug nach Übersee erlebte: bei unserem Umzug auf die Marshallinseln.

Als ich 12 Jahre alt war, fuhr meine Mutter mit meinen Brüdern und mir von Kalifornien aus nach Tijuana in Mexiko – für mich ein Abenteuer mit wilder Musik, einer neuen Sprache, leuchtend bunten Farben, dem lebendigen Stimmengewirr von Straßenverkäufern, scharfem Essen und exotischen Gerüchen. Und auch ein Grund dafür, warum ich später in der Schule Spanisch lernte und mexikanisches Essen bei mir bis heute ganz hoch im Kurs steht.

Schon von klein auf habe ich mit meiner Familie gekocht. Mit 15 Jahren entschloss ich mich aus ethischen Gründen und der Umwelt und Gesundheit zuliebe, Vegetarier zu werden. Zwei Jahre später begann ich, vegan zu leben, auch wenn der Begriff damals kaum bekannt war. Beim Kochen für meine Familie probierte ich indische Gewürze und alle möglichen internationalen Rezepte aus. Mit 17 veröffentlichte ich meine erste kleine vegane Rezeptsammlung, die ich per Post verschickte oder bei Konzerten verkaufte. Später, nach meinem Kunststudium, zog ich nach Boston und arbeitete als Künstler und Designer. Mein Entdeckungsdrang trieb mich auf Reisen: zunächst nach Kanada, England, Frankreich und Deutschland. Dann fuhr ich mit meinem Motorrad quer durch die USA. Doch das war erst der Anfang.

2001, nach sechs Monaten Rucksacktour durch Südostasien, China, Indien und Nepal, schmiss ich meinen Job als Designer in den USA und zog nach Berlin. Hier verfeinerte ich meine Kochkünste und zog wieder los, um zu reisen und von den Küchen der Welt zu kosten. Nach einem Jahr als Kunstlehrer in Indien kam ich zurück nach Berlin und schrieb mein erstes Kochbuch, das von meinen Reisen in über 40 Länder inspiriert wurde. Fotos, Kunst, Buchdesign, Rezepte, Erstveröffentlichung – alles habe ich selbst gemacht und mit einer Fundraising-Kampagne finanziert. Durch Freunde fand ich einen deutschen Verlag, mit dem ich das Buch auf Englisch nachdrucken und auf Deutsch herausbringen konnte. Nie hätte ich gedacht, dass es so erfolgreich werden würde! **The Lotus and the Artichoke** wurde 2013 vom VEBU sogar zum „Kochbuch des Jahres" nominiert.

Im Dezember 2013 flog ich mit meiner Freundin Julia und unserem damals 8 Monate alten Sohn Kolja nach Mexiko, um im Warmen zu überwintern, in eine andere Kultur und Sprache einzutauchen und für dieses Kochbuch die mexikanische Küche zu studieren. Mein Alltag bestand aus Yoga bei Sonnenaufgang, Surfen, Spanischunterricht und Kochexperimenten in der Küche des Hauses, das wir gemietet hatten. Wir reisten mit Kolja durch das Land, bejubelten seine ersten Schritte und landeten passend zum Frühlingsbeginn wieder in Berlin. Die Monate darauf war ich mit der Perfektionierung veganer mexikanischer Rezepte und dem Fotografieren und Erstellen der Inhalte dieses Buchs beschäftigt.

Wie auch mein erstes Kochbuch besteht es aus einer Sammlung von Rezepten, die sich mit jeder Art von Kocherfahrung zubereiten lassen und Zutaten verwenden, die in normalen Läden und auf Märkten erhältlich sind. Einige spezielle Zutaten lassen sich leicht in einem Laden mit internationalen Gewürzen oder im Internet besorgen.

Ich persönlich verfolge eine vegane Lebensweise. Mein Buch aber richtet sich an alle, die ihre Kochkünste erweitern und neue kulinarische Wunderwelten kennenlernen möchten. Ich hoffe, dass ich mit dieser Inspiration und frischen Ideen dabei helfen kann, die Welt der veganen Küche bekannt und beliebt zu machen. Trotz über 20 Jahren veganer Kocherfahrung, Jobs in verschiedenen Restaurants und mehreren Jahren als Anbieter von Kochkursen und Dinnerpartys bin ich kein ausgebildeter Koch. Gelernt habe ich durch ständiges Ausprobieren, wachsende Erfahrung, den Austausch mit anderen Köchen weltweit und jahrelange Übung. Viel Spaß mit den Rezepten und mit diesem Buch!

Justin P. Moore
Oktober 2014, Berlin

In der Küche

Vegan und mexikanisch kochen lässt sich in jeder Küche!
Die Rezepte in diesem Buch verwenden einfach erhältliche Zutaten, die es in normalen Lebensmittelgeschäften, Bioläden und -supermärkten, Läden mit internationalen Gewürzen und Asia-Märkten gibt. Die meisten Geschäfte, die sich auf asiatische oder lateinamerikanische Produkte spezialisieren, sowie größere Supermärkte mit internationalen Abteilungen haben alles, was du brauchst. Deine Küche ist bestimmt gut genug für mexikanisches Kochen ausgerüstet. Es gibt aber noch ein paar wenige Dinge, die das Kochen noch authentischer machen. In den meisten Fällen findest du in den Rezepten Ersatzmöglichkeiten für etwas exotischere Zutaten. Probiere neue Zutaten aus, aber koche ruhig mit dem, was du schon da hast. Hab Spaß, lass dich inspirieren, probiere neue Techniken aus. Wenn du gar keine Kocherfahrung hast, halte dich genau an die Rezepte. Wenn du geübt bist, experimentiere wild drauf los.

Obst & Gemüse
Ich empfehle immer frische Bio-Zutaten. Regional und saisonal ist natürlich am besten, aber nicht immer realistisch. Ich liebe Wochenmärkte, aber wenn du Selbstgezogenes aus dem eigenen Garten hast, ist das natürlich am allerbesten. Gefrorene Beeren, Früchte und Blattgemüse (z.B. Spinat) sind auch gut. Wenn du Konserven verwendest, solltest du wenn möglich zu ungesüßten, ungesalzenen, zusatzstofffreien und Bio-Produkten greifen. Denk' an die bewährte Formel: Gute Zutaten = gutes Essen.

Gewürze, Kräuter & Chilis
Frisch gemahlene Gewürze schmecken immer am besten. Das gilt besonders für frisch gemahlenen schwarzen Pfeffer, Kreuzkümmel und Koriander. Ich verwende auch lieber frische als getrocknete Kräuter. Von Knoblauch- oder Zwiebelpulver und gemahlenem Ingwer lasse ich die Finger. Verwende, was für dich am einfachsten und angenehmsten ist. Wenn du statt frischen Kräutern lieber getrocknete nimmst, halbiere die im Rezept angegebene Menge. Frische Kräuter sollten beim Kochen erst gegen Ende zugegeben werden, damit sie ihren Geschmack nicht verlieren. Getrocknete Kräuter (vor allem für Suppen, Eintöpfe und Gebackenes) können früher hinzugefügt werden. Für einen authentisch mexikanischen Gaumenkitzel empfehle ich, Poblano- und Chipotle-Schoten aufzutreiben. Man kann sie getrocknet oder in Dosen im Internet bestellen, falls du keine in den Läden in deiner Nähe findest. Klassisches Chili- oder sogar Paprikapulver tun es auch, es schmeckt nur etwas anders. Wenn du deine Gäste beeindrucken und etwas Neues probieren willst, lohnt sich der Aufwand aber auf jeden Fall.

Nüsse & Samen
Für einen intensiveren Geschmack solltest du Nüsse oder Samen je nach Größe 2–5 Min. unter Rühren in einer Pfanne oder einige Minuten im Ofen rösten. Roh enthalten sie allerdings mehr Nährstoffe. Vor dem Pürieren von Nüssen ist es am besten, sie mehrere Stunden (oder über Nacht) einzuweichen. Ich schütte dann das Einweichwasser weg und püriere sie mit frischem Wasser oder einer anderen Flüssigkeit.

Süßungsmittel, Salz & Soßen
Meine Top-Süßungsmittel sind unraffinierter (Roh-)Rohrzucker, Agavendicksaft und brauner Reissirup. Bis auf Puderzucker verzichte ich auf weiterverarbeitete Süßungsmittel. Bei Rezepten mit Zitronen- und Limettensaft, Essig oder anderen sauren Zutaten gebe ich oft ein bisschen Süße zum Ausgleich hinzu. Beim Salz greife ich zu Meer- oder Himalaya-Salz. Ich empfehle außerdem, unbedingt eine gute japanische Sojasoße, also Shoyu oder Tamari, zu verwenden. Billige Sojasoße oder scharfe Soßen enthalten oft Glutamat oder Konservierungsstoffe, sind ungesünder und schmecken nicht so gut. Selbstgemachte Salsas sind ebenfalls immer besser als gekaufte. Mit ein bisschen Übung sind sie im Handumdrehen fertig und extrem vielfältig.

Mehl & Getreide
Für die meisten Rezepte benutze ich Weizenmehl (Type 550). Oft mische ich weißes und Vollkornmehl, um den Nährwert zu erhöhen. Viele Rezepte funktionieren ebenso gut mit Dinkelmehl (mit kleineren Anpassungen). Für die Maistortillas verwende ich »Masa Harina«, das man entweder in der internationalen Abteilung größerer Supermärkte oder in Asia- oder Lateinamerika-Läden findet. Das leichter erhältliche Maismehl (nicht zu verwechseln mit Maisstärke!) ist oft gröber gemahlen und deshalb nicht so gut für Tortillas geeignet, kann aber für andere Rezepte wie z.B. Maisbrot oder Suppen verwendet werden.

Bohnen, Tofu & Seitan
Ich verwende alle möglichen Bohnenarten – je nach Zeit und Lust entweder getrocknet oder aus dem Glas bzw. der Dose. Dosenbohnen gieße ich vor dem Verwenden immer ab und spüle sie mit Wasser. Getrocknete Bohnen sollten gespült und eingeweicht (normalerweise über Nacht), abgegossen und in frischem Wasser ohne Salz gekocht werden. Ein bisschen schneller geht es, wenn getrocknete Bohnen 5–10 Min. gekocht werden und man sie vor dem eigentlichen Kochen 1–2 Stunden abgedeckt einweichen lässt. Tofu kaufe ich in Bioqualität, am liebsten fest oder sehr fest. Oft presse ich ihn zusätzlich aus, indem ich ihn in ein Geschirrtuch wickele und mit schweren Schneidebrettern oder Büchern 30–60 Min. lang beschwere. Du bist kein Fan von Soja oder Fleischersatz? Kein Problem. Beides lässt sich mit z.B. festen Pilzen, Blumenkohl oder Wurzel- und Knollengemüse ersetzen.

Gewicht & Maßeinheiten
Beim Kochen und in diesem Kochbuch verwende ich eine Kombination aus amerikanischen und europäischen Maßeinheiten. Die Angaben für beide Systeme habe ich sorgfältig getestet und geprüft. Wenn ich neue Rezepte kreiere oder bekannte verfeinere, messe ich Volumen und Gewicht. Mehl siebe ich nicht, daher beziehen sich die Angaben auf abgestrichene Messlöffel und ein ungefähres Gewicht. Meine Rezepte sind keine exakten Formeln für ein perfektes Ergebnis, sondern Richtlinien bzw. Kochanweisungen für weniger Experimentierfreudige. Weiche ruhig ein bisschen von den Angaben ab und probiere es mit mehr oder weniger der aufgelisteten Zutaten. Vertrau auf dein Bauchgefühl, hab Spaß beim Kochen und finde heraus, was für dich am besten funktioniert.

Küchenutensilien & -gerätschaften
Ich empfehle, in einen guten Mixer zu investieren. Ich habe einen Vitamix-Hochleistungsmixer, den ich mindestens zweimal am Tag für Smoothies, Soßen oder Desserts benutze. In Mexiko verwendete ich einen herkömmlichen Mixer. Eine kleine Küchenmaschine ist prima für das Häckseln von Tomaten und zum Pürieren kleinerer Zutatenmengen. Für Nüsse und Samen benutze ich eine elektrische Kaffeemühle. Bei Suppen ist ein Pürierstab Gold wert. Ich besitze zwar einige teure Messer, habe aber im Laufe der Jahre auch gelernt, mit allem auszukommen, was gerade verfügbar ist. Beschichtete Pfannen und Töpfe mit Deckeln sind ebenfalls eine sehr gute Investition. Für Tortillas und Crêpes eignet sich am besten eine gute gusseiserne Pfanne. Ich habe außerdem eine mexikanische Tortilla-Presse – eine lohnenswerte, günstige Anschaffung, wenn man Tortillas öfter selbst macht.

Rezeptzubereitung
Die einzelnen Schritte und Zubereitungsmethoden sind so einfach und verständlich wie möglich geschrieben. Meine Fotos zeigen, wie die Gerichte aussehen und angerichtet werden können. Keine Panik, wenn deine Kreationen anders aussehen! Die Rezepte sind zum Experimentieren, Verbessern und Verändern gedacht. Die geschätzte Vor- und Zubereitungszeit enthält nicht die zum Teil lange Dauer des Einweichens von Bohnen, längere Kühl- oder Gefrierzeiten, das Ruhenlassen von Teig etc. Rezepte, die Extrazeit benötigen, sind mit dem Symbol + gekennzeichnet. Die Portionsangaben zeigen, mit welcher Menge in etwa zu rechnen ist. Die Zutaten können je nach Bedarf verdoppelt oder halbiert werden. Die meisten Rezepte sind für 2 bis 3 Portionen gedacht, manche reichen aber auch für 4 oder mehr aus.

Abenteuer in Mexiko

Unsere dreimonatige Reise begann in **Mexiko-Stadt**, wo wir im Viertel San Ángel eine Einzimmerwohnung mit kleiner Küchenecke und Hof mit Gärtchen gemietet hatten. Nach dem Frühstück in einem vegetarischen Restaurant im Zentrum machte ich mich auf die Suche nach Zutaten auf einem Markt. Die Anfänge mit meinem eingerosteten Spanisch waren etwas holprig, aber dann klappte es schnell mit einem Schwätzchen mit den Einheimischen, dem Einkaufen und Zeitung schmökern. Für unser erstes Abendessen kochte ich schwarze Bohnen mit Salsa Verde, frischen Maistortillas, Sprossen und frischem Koriander. Die nächsten Tage schauten wir uns Sehenswürdigkeiten an, liefen herum, fuhren mit der U-Bahn und probierten großartiges Essen, wobei ich für Recherchezwecke immer mein Notizbuch dabei hatte. Es machte Spaß, die Megacity mit ihren Attraktionen, Geräuschen und Gerüchen zu erkunden. Seit meinem letzten Besuch 2001 hatte sich viel verändert. Die Straßen waren breiter und ruhiger, aber der lebhafte Charme der Stadt, die quirligen Straßenverkäufer und die geschäftigen Märkte waren gleich geblieben.

Unser erster Ausflug führte uns nach **Tepoztlán** und seiner präkolumbischen Pyramide. Bei strahlender Sonne waren Massen an Einheimischen und Touristen auf dem Wanderpfad bergauf und bergab unterwegs. Nachdem wir ächzend die wunderbare Aussicht genossen hatten, gönnten wir uns unten im Dorf ein köstliches indisch-mexikanisches Festmahl.

Nach ein paar Tagen in Mexiko-Stadt fuhren wir mit dem Bus nach **Guanajuato**. Bei Sonnenuntergang kamen wir in der farbenfrohen einstigen Silberstadt in einem Gebirgstal an. Unsere Unterkunft erreichten wir über eine enge gepflasterte Gasse, die einen Hügel hinaufführte. Die kleinen Märkte der Stadt boten Unmengen an frischem Obst, Gemüse und Gewürzen an. In einem Lädchen um die Ecke gab es Quinoa, Chiasamen, Kekse und andere leckere Snacks. Morgens stand ich früh auf, um zu meditieren, Tagebuch zu führen und einen Morgenspaziergang zu machen. Danach schmiss ich einen altersschwachen Mixer in der klitzekleinen Küche an, um Smoothies für die ganze Familie zuzubereiten. Ich schoss unzählige Fotos und malte Bilder von der Stadt mit ihren bunten Häusern, die sich die umliegenden Berghänge hinauf schlängelten. Wir waren so beeindruckt, dass wir statt zwei Nächten fast eine ganze Woche blieben, bevor wir in den Fernbus zu unserem nächsten Ziel stiegen.

Nach einer Nachtfahrt kamen wir in **Puerto Vallarta** an und fuhren mit einem kleinen Bus nach **San Pancho** weiter. Ich hatte von Reisebloggern gehört, dass der kleine Ort an der Küste ein Paradies für Veggies und Aussteiger sei. Wir suchten uns eine Bleibe, und dann ging es gleich auf den Markt zum Einkaufen, um später mit frischen Zutaten zu kochen. Wir liefen am ersten Abend zum Strand, um den Sonnenuntergang zu sehen. Kolja staunte über den Ozean, versuchte aber noch eifriger, eine Handvoll Sand nach der anderen zu kosten. Am nächsten Tag schaute ich vom Strand aus den Surfern in den Wellen des Pazifik zu – dem Ozean, den ich schon als Kind auf den Marshallinseln und Hawai'i lieben und respektieren gelernt hatte. Als ich nachmittags einen Surfshop genauer unter die Lupe nahm, blieb mein Blick an einem gebrauchten Brett in einem Regal hängen. Es war Liebe auf den ersten Blick! Ich sah den witzigen, handgemalten Totenkopf mit Sonnenhut darauf, und sofort hatte ich das Cover meines nächsten Kochbuchs im Kopf.

Abends hörten wir Livemusik in den Straßen und probierten mexikanische Pizzas. In unserer kleinen Interimswohnung kochte ich Burritos und Tacos. Aber irgendwie war San Pancho noch nicht das Richtige für uns. Wir wollten an einem authentisch mexikanischen Ort leben und ein Häuschen finden, das für uns bezahlbar war. Also hüpften wir in ein Sammeltaxi und schauten uns ein kleines Dorf einige Kilometer weiter nördlich an: **Lo de Marcos**. Hier gab es weit weniger Touristen und Auswanderer und es wurde tatsächlich überall Spanisch gesprochen. Die Häuser waren kleiner und bescheidener, der Strand ruhiger und hübscher. Wir blieben bis zum Sonnenuntergang und fuhren dann nach San Pancho zurück. Es blieb uns nicht viel Zeit, eine neue Bleibe zu finden. Wir überlegten, was wir tun sollten. Noch hing alles in der Schwebe, aber wir waren uns sicher, bald ein neues Heim zu finden. Aber wo?

Wie so oft kam uns der Zufall zu Hilfe. Wir fuhren abermals nach Lo de Marcos, um dort nach Mietwohnungen oder -häusern zu suchen. Wir verbrachten einen ganzen Tag damit, von Tür zu Tür zu laufen und die Leute zu fragen. Erschöpft, müde und verschwitzt setzten wir uns auf ein Mäuerchen. In dem Augenblick kamen zwei junge Typen vom Strand zurück, einer von ihnen mit einer frischen Tätowierung von „Santa Muerte“, der mexikanischen Totenkopflady, auf der Brust. Ich fragte sie spontan, ob sie vielleicht wüssten, ob es irgendwo etwas zur Miete gäbe. Der Typ mit der Tätowierung lachte laut und antwortete: „Ja klar, hier! Wir fahren morgen zurück nach Montreal. Wollt ihr mein Haus sehen? Ihr sitzt direkt vor der Einfahrt!“

Er schloss das Tor auf und sagte: “Die Küche ist ziemlich außergewöhnlich. Ich bin ein totaler Kochfan, also habe ich mir einen Herd mit 6 Kochstellen und einem riesigen Ofen und auch einen doppeltürigen Kühlschrank aus Puerto Vallarta liefern lassen.“ Neben der Küche gab es ein Bad, ein Wohn- und zwei Schlafzimmer. Auf dem Dach hatte er ein weiteres kleines Zimmer, eine kleine überdachte Außenküche mit Essbereich und ein eigenes Bad bauen lassen. Im Garten standen Kokospalmen, Papaya- und Kochbananenbäume voller reifender Früchte. Es gab Kräuterbeete, angelegt vom Besitzer des Hauses und seiner Tante, mit Büschen voller Thai-Basilikum und kleineren Thymian-, Petersilien-, Rosmarin- und Basilikumpflanzen. Sogar eine Außendusche war da, um sich nach einem Tag am Strand abzuduschen. Ich sah mich in Gedanken schon bei Yoga-Übungen auf dem Dach, einer Familien-Siesta im King-Size-Bett, vor einem Topf mit dampfenden Tamales in der Küche und mit meinem Surfbrett unter der Außendusche. Und genauso kam es auch!

Wir bekamen die Schüssel und zogen ein. Der Besitzer gab mir die Hand, rief „¡Adiós!“ und fuhr auf der staubigen Straße davon, während ich glücklich mit dem Gefühl zurückblieb, dass am Ende immer alles gut wird, wenn man seinem Bauchgefühl vertraut. Am gleichen Abend traf ich eine muntere Señora, die meine Spanischlehrerin wurde, das frischeste Obst und Gemüse des ganzen Orts verkaufte und immer über den letzten Tratsch Bescheid wusste. Wir gingen täglich zu ihrem Laden, um frische Mangos, Ananas, Bananen, Avocados, Wassermelonen, Tomaten, Pilze, Koriander, kleine Limetten und noch mehr leckere Zutaten zum Kochen zu kaufen. Gleich nebenan gab es unfassbar gute und günstige frische, warme Maistortillas. Für Reis, Bohnen, Brot, Gewürze und Snacks musste ich nur die Straße hinunter laufen.

An heißen Strandnachmittagen und -abenden tranken wir Kokoswasser direkt aus frisch aufgehackten Nüssen und gönnten uns in einem der kleinen Strandrestaurants Guacamole mit Tortilla-Chips oder Bohnen-Tacos mit Salsa. Wenig später eröffnete ein Geschwisterpaar aus Ciudad Juárez eine sagenhaft gute Pizzeria am anderen Strandende, bei der wir bald Stammgäste wurden.

Es war nie ein Problem, gutes veganes Essen in Mexiko zu finden. Wie überall auf der Welt führten Respekt, Freundlichkeit und ein paar Brocken in der Landessprache immer zum (köstlichen) Ziel. Bei so viel frischem Gemüse, leckeren Früchten, Unmengen an Avocados und der Gastfreundschaft der Mexikaner gab es immer etwas Spannendes zu essen. Ich lernte schnell die Betreiber der kleinen Restaurants vor Ort kennen und durfte, wie schon in vielen anderen Ländern zuvor, einen Blick in ihre Küchen werfen und einige kulinarische Geheimnisse und Tricks erfahren. Zuhause probierte ich das Gelernte natürlich gleich am eigenen Herd aus.

Bald kam mein Vater zu Besuch, um seinen Enkel kennenzulernen. Er übernachtete bei uns in dem Raum auf dem Dach. Abends saßen wir lange auf der Dachterrasse zusammen und teilten Reiseerlebnisse und Erfahrungen, lachten über Geschichten aus der Vergangenheit und erinnerten uns an unsere Familienabenteuer. Wir fuhren zusammen nach **San Pancho**, ins Surfer-Mekka **Sayulita** und nach **Puerto Vallarta**. Als mein Freund Ben und sein Bruder für einige Wochen aus Deutschland zu Besuch kamen, fuhren wir wieder dorthin und besuchten gemeinsam die Märkte, Läden und Restaurants.

In **Sayulita** gab es ein fantastisches kleines Restaurant mit vielen veganen Optionen. Dort wurde ich zu meinem berüchtigten Green Dream Salad inspiriert. Außerdem gab es da auch noch einen Taco-Imbiss, nach dessen unvergleichlich leckeren und scharfen Gemüse-Tacos ich förmlich süchtig wurde. Ein bisschen mehr Richtung Stadtzentrum verkaufte eine winzige Bäckerei alle möglichen verschiedenen Empanadas – süße mit Apfelfüllung, herzhafte mit Spinat und Kartoffel, und noch etliche mehr. Überall in Sayulita gab es Schilder, die die „besten Fisch-Tacos überhaupt" anpriesen, die ich als Veganer nicht probierte, die mich aber dazu inspirierten, ein Rezept für vegane Fisch-Tacos mit Jackfrucht zu kreieren. Mindestens zweimal pro Woche kochte ich meine Mexi-Makkaroni, Tostada Supreme und alle möglichen Variationen von Bohnen- und Gemüse-Tacos. Auch **Puerto Vallarta** war eine wertvolle Fundgrube mit jeder Menge kulinarischer Inspiration. Dank dem Buffet eines rein vegetarischen Restaurants lernte ich eine Vielfalt neuer mexikanischer Gerichte und Zubereitungsweisen kennen. Nur wenige Stunden Fahrt von Lo de Marcos entfernt fanden wir einen großartiges Lädchen in **Bucerías** namens »La Abejita«, wo es tonnenweise Gewürze aus allen Ecken des amerikanischen Kontinents gab: getrocknete Chilis, Pekan- und Walnüsse, Quinoa, Chiasamen, Kreuzkümmel, Paprikapulver, Naturreis, getrocknete Bohnen, Linsen und noch viel mehr, was in unserem kleinen Ort nicht zu bekommen war.

Beim Reisen nehme ich am liebsten die öffentlichen Nahverkehrsmittel. Es war lustig, mit den öffentlichen Bussen in Mexiko unterwegs zu sein, und wir hatten einige sehr witzige Unterhaltungen mit den Fahrern und Mitreisenden. Die Serpentinen, die sich durch die vom Dschungel überwucherten Berge schlängeln, sind allerdings nichts für sehr schwache Gemüter. Die Kreuze an einigen tückischen Kurven waren eine Erinnerung daran, besser mit Bussen

als mit Taxis oder Motorrädern unterwegs zu sein. Donnerstags fuhr ich ab und zu zum Wochenmarkt ins größere, nördlich gelegene **La Peñita de Jaltemba**, um Lebensmittel, Souvenirs und kleine Geschenke zu kaufen, wie z.B. handgeschnitzte Holzbrettchen und die typischen bunt bemalten Zuckerschädel.

Die Zeit in Lo de Marcos verging wie im Flug. Kurz nachdem wir Koljas ersten Geburtstag mit ein paar einheimischen Freunden und einer Esel-Piñata am Strand gefeiert hatten, machte er schon seine ersten Schritte in unserer Küche. Er hatte seine Scheu vor dem Ozean und den großen Wellen verloren und liebte es, im Wasser zu planschen und sich vom Wellenschaum nass spritzen zu lassen. Wir wanderten zu versteckten Stränden, beobachteten Wale am Horizont und liefen muschelsuchend am Strand entlang. Der Pazifik mit seinen Wellen und Unterströmungen ist nicht ungefährlich. Bei meinen ersten Surfversuchen wurde ich von einer Welle erfasst, die über mir hereinbrach und mich und mein Brett am Meeresboden entlang schleifte. Mir passierte glücklicherweise nichts, und ich fand sogar einen Surfer im Ort, der mein leicht lädiertes Brett reparierte.

Nach dem Abschied von Lo de Marcos stiegen wir in den Bus nach **Guadalajara**, der zweitgrößten Stadt Mexikos. Wir bummelten über die Plätze mit kolonialer Architektur, beobachteten das ausgelassene Miteinander der herzlichen Einheimischen, schlenderten über die Märkte und probierten bei Einbruch der Dunkelheit einige Snacks der unzähligen Straßenverkäufer. Am besten blieb mir das Frühstück vom nächsten Tag in Erinnerung: grandiose Chilaquiles, Obstsalat und frisch gepresster Orangensaft.

Mit dem Bus kehrten wir nach **Guanajuato** zurück, um ein befreundetes Pärchen zu besuchen. Zusammen schlenderten wir durch ihr Viertel, liefen die engen, mittelalterlichen Gassen entlang, trafen Künstler, besuchten Märkte und genossen die Sonne und das Essen. In ihrem Lieblingsrestaurant probierte ich das erste Mal Sopes. Zum Dank machte ich am nächsten Tag meine mittlerweile perfektionierten Tacos für sie. Danach saßen wir auf dem Dach, bewunderten die von den winzigen Lichtern der Häuser überzogenen Berge und schauten hinüber zur beleuchteten Statue von El Pípila.

Wieder in **Mexiko-Stadt** gab es ein leckeres Abendessen in Chinatown. Am nächsten Tag erkundeten wir auf der Suche nach versteckten veganen Restaurantperlen zwei andere Stadtviertel. Dabei traf ich coole Köche und fand einiges an Inspiration für die Taco-Rezepte in diesem Buch. Wir besuchten das Frida-Kahlo-Museum in Coyoacán und fuhren natürlich auch nach **Teotihuacán**, um die berühmte prähistorische Stadt mit ihrer Sonnen- und Mondpyramide zu bestaunen.

Nach fast drei Monaten konnte ich es kaum erwarten, zurück nach Berlin zu fliegen und meine Freunde und meine Küche wiederzusehen. Gleichzeitig wünschte ich mir, noch länger bleiben und noch mehr von Mexiko sehen zu können. Mein geliebtes Surfbrett hatte ich bei einem Surfer-Kumpel in Lo de Marcos gelassen. Immer wenn ich frische Tortillas, Tacos oder andere Rezepte aus diesem Kochbuch zubereite, muss ich an unsere Zeit in Mexiko, an die Küche in Lo de Marcos, fantastisches Essen, wunderbare Menschen, mexikanisches Spanisch und den Slang der Dorfbewohner, Felder voller Kakteen, farbenfrohe exotische Blumen und den warmen Ozean denken.

SALATE SUPPEN SNACKS

Spinatsalat mit Feigen & Walnüssen
mit Dattel-Zitronen-Dressing

2 Portionen / Dauer 15 Min.

4 Tassen (125 g) frischer Spinat
2 frische Feigen in dünne Halbmonde geschnitten
1/2 Tasse (50 g) Walnüssstückchen
2 TL Zucker
1/4 TL schwarzer Pfeffer gemahlen
1/4 TL Salz

Dattel-Zitronen-Dressing:

2 EL Zitronensaft
2 EL Olivenöl
1 frische oder **getrocknete Feige** geviertelt
2 Datteln entsteint
1/4 TL Salz
1/4 Tasse (60 ml) Wasser

1. **Spinat** gründlich waschen und trocken schütteln. Bei Bedarf Spinatblätter klein hacken. Babyspinat ganz verwenden.
2. Eine kleine Pfanne auf mittlerer Flamme erhitzen. **Walnussstückchen** hineingeben und unter Rühren 2–3 Min. rösten.
3. **Zucker**, **Pfeffer** und **Salz** zugeben. Unter Rühren weitere 1–3 Min. rösten und den Zucker schmelzen lassen, bis er die Walnüsse mit einer Karamellschicht überzieht. Nicht zu lange rösten, damit nichts anbrennt. Schnell vom Herd nehmen und zum Abkühlen in eine Schüssel geben.
4. Alle **Dressing-Zutaten** bis auf das Wasser in einen Mixer oder eine kleine Küchenmaschine geben. Mehrere Male kurz häckseln. Nach und nach **Wasser** zugießen und das Dressing ca. 1 Min. lang glatt pürieren.
5. **Spinat** auf Tellern anrichten, **Dressing** darüber geben und mit karamellisierten **Walnüssen** und frischen **Feigenscheibchen** krönen.

Variationen:

Beeren: Statt Feigen eine Handvoll Erdbeerscheibchen oder frische Himbeeren sowohl im Salat als auch im Dressing verwenden. **Süßer**: 1–2 TL Agavendicksaft oder Reissirup zu den Dressing-Zutaten geben, oder die Datteln damit ersetzen. **Senfnote**: 1 TL Senf zu den Dressing-Zutaten geben. **Fernöstlich**: 2 TL Tahini oder leicht geröstete, gemahlene Sesamsamen und 1 TL Sojasoße unters Dressing mischen.

Green-Dream-Salat
mit Avocado-Koriander-Petersilie-Dressing

4 Portionen / Dauer 15 Min.

3 Tassen (100 g) frischer Spinat gehackt
2 Tassen (70 g) Rucola
1 mittelgroße rote Bete geraspelt
1 mittelgroße Möhre geraspelt
1 Gurke in dünne Scheiben geschnitten
1/4 Tasse (25 g) Walnussstückchen leicht geröstet
3 EL (20 g) Sonnenblumenkerne leicht geröstet

Avocado-Koriander-Petersilie-Dressing:

1/2 reife kleine Avocado
1 kleiner Bund frischer Koriander
1 kleiner Bund frische Petersilie
3 EL Zitronensaft
2 EL Olivenöl
1 EL Agavendicksaft oder **Zucker**
1/4 TL Meersalz
1/3 Tasse (80 ml) Wasser

1. In einem Mixer oder einer Küchenmaschine **Avocado**, **Koriander**, **Petersilie**, **Zitronensaft**, **Olivenöl**, **Agavendicksaft** (oder **Zucker**), **Salz** und **Wasser** zu einem glatten Dressing pürieren.
2. **Spinat**, **Rucola** und **Gurkenscheiben** auf Tellern oder in Schüsseln anrichten.
3. Mit geraspelter **roter Bete** und **Möhre** bestreuen. **Dressing** darüber geben.
4. Mit **Walnussstückchen** und **Sonnenblumenkernen** garnieren.

Variationen:

Grünzeug: Statt Rucola und Spinat Feldsalat, Mangold, Kopfsalat oder andere Salatarten verwenden. Jede Grünzeugkombination (insgesamt 4–5 Tassen / 150 g) funktioniert bestens. **Kräuter**: Koriander einfach weglassen oder auf Wunsch mit mehr Petersilie ersetzen.

Quinoa trifft Grünzeug
mit Rote-Bete-Dressing

4 Portionen / Dauer 20 Min.

1 Tasse (180 g) roter Quinoa
2 Tassen (480 ml) Wasser
4 Tassen (125 g) frisches Grünzeug (Spinat, Rucola, Mangold, Feldsalat o.ä.)
1/4 Tasse (30 g) Sonnenblumenkerne leicht geröstet

Rote-Bete-Dressing:

1 mittelgroße rote Bete geschält und geviertelt
1 kleine Avocado geviertelt
kleiner Bund frisch Petersilie grob gehackt
kleiner Bund frischer Koriander grob gehackt
2 EL Limetten- oder **Zitronensaft**
1 EL Agavendicksaft oder **Zucker**
1/4 TL Salz
2 EL Olivenöl
1/2 Tasse (120 ml) Wasser

1. In einem kleinen Topf **Wasser** zum Kochen bringen. **Quinoa** zugeben und Flamme niedrig stellen. Abgedeckt 20 Min. köcheln lassen.
2. Vom Herd nehmen und mit einer Gabel auflockern. Abdecken und 10 Min. ziehen lassen.
3. **Grünzeug** waschen, trocken schütteln und grob hacken.
4. **Rote Bete**, **Avocado**, **Petersilie**, **Koriander**, **Limetten**- oder **Zitronensaft**, **Agavendicksaft** (oder **Zucker**), **Salz**, **Olivenöl** und 1/4 Tasse (60 ml) **Wasser** in einen Mixer oder eine Küchenmaschine geben.
   45–60 Sek. glatt pürieren. Bei Bedarf beim Pürieren nach und nach etwas **Wasser** zugeben.
5. **Quinoa** und **Grünzeug** in großen Schüsseln anrichten. **Dressing** darüber geben und mit gerösteten Sonnenblumenkernen bestreuen.

Variationen:

Grünzeug: Im Notfall tut es auch schöner frischer Kopfsalat. **Nüsse statt Kerne**: Leicht geröstete Pecan- oder Walnüsse sind eine tolle Alternative. **Obst**: Birnen- oder Apfelscheiben, 5 Min. in 1–2 TL Olivenöl angebraten und mit etwas Salz und Pfeffer gewürzt, schmecken phänomenal dazu.

Mango-Limetten-Ceviche
mit sautiertem Ingwer-Tofu

2 Portionen / Dauer 10 Min.

220 g fester Tofu in Streifen oder kleine Würfel geschnitten
1 EL Kokos- oder **Pflanzenöl**
1 kleine rote Zwiebel fein gehackt
1 Knoblauchzehe fein gehackt
1 cm Ingwer fein gehackt
1 rote oder **grüne Chilischote** entsamt, fein gehackt *wenn gewünscht*
1/4 TL Koriander gemahlen
2 TL Sojasoße

1/2 Mango gewürfelt
8 Cherrytomaten geviertelt
1/2 kleine Gurke geschält, gewürfelt
2–3 Blätter Radicchio klein geschnitten
2 EL frischer Koriander oder **Petersilie** gehackt
2 EL Limettensaft
1/4 TL Meersalz

1. In einer Pfanne **Öl** auf mittlerer Flamme erhitzen.
2. **Zwiebel**, **Knoblauch**, **Ingwer**, **Chili** und gemahlenen **Koriander** hineingeben. 2–3 Min. unter Rühren anbraten, bis **Zwiebel** und **Knoblauch** zu bräunen beginnen.
3. **Tofustücke** hinzufügen. 4–5 Min. unter Rühren braten, bis der Tofu goldbraun und leicht knusprig ist.
4. **Sojasoße** zugießen. Gut umrühren und weitere 1–2 Min. braten. Vom Herd nehmen.
5. In einer großen Schüssel **Mango**, **Tomaten**, **Gurke**, **Radicchio**, frische **Kräuter**, **Limettensaft** und **Salz** vermischen. Sautierten Tofu unterheben und servieren.

Variationen:
Ein Hauch von Asien: 1/4 Tasse (30 g) leicht geröstete Erdnüsse oder Cashewkerne, einige frische, gehackte Minz- und Thaibasilikumblätter und Mungobohnensprossen hinzufügen.
Ohne Tofu: Tofu mit 1 1/2 Tassen (100 g) gehackten Champignons ersetzen.

Sopa de Frijoles Blancos
traditionelle Weiße-Bohnen-Suppe

2 bis 3 Portionen / Dauer 45 Min. +

1 Tasse (185 g) weiße Bohnen (getrocknet)
oder **2 Tassen (320 g) gekochte weiße Bohnen**
4 Tassen (1000 ml) Gemüsebrühe
oder **1000 ml Wasser + 2 TL Gemüsebrühpulver**
1–2 Tassen (250–500 ml) Wasser je nach Bedarf
2 EL Olivenöl
1/2 Zwiebel gehackt
2 Knoblauchzehen fein gehackt
1 Chipotle-Schote fein gehackt
oder **1 TL Chipotle-** oder **Chilipulver**
1/2 TL Kreuzkümmel gemahlen
1/2 TL Koriander gemahlen
1/4 TL schwarzer Pfeffer gemahlen
1 Lorbeerblatt
1 TL frischer Oregano gehackt
oder **1/2 TL getrockneter Oregano**
1 EL Zitronensaft
3/4 TL Meersalz
frischer Koriander oder **Petersilie** gehackt, zum Garnieren

1. Getrocknete **Bohnen** mindestens 8 Stunden, am besten aber über Nacht einweichen. Abgießen und gut spülen. Eingeweichte **Bohnen** in einen Topf geben und mit Wasser bedecken. Abdecken, zum Kochen bringen und Bohnen auf niedriger Flamme ca. 60–90 Min. weich kochen. Bohnen aus der Dose vor dem Verwenden abgießen und spülen.
2. In einem großen Topf **Öl** auf mittlerer Flamme erhitzen.
3. **Zwiebel**, **Knoblauch**, **Chipotle** oder **Chilipulver**, **Kreuzkümmel**, **Koriander** und **Pfeffer** hineingeben. 3–5 Min. anbraten, bis die Zwiebelstückchen glasig werden.
4. Gekochte **Bohnen** zugeben und gut umrühren.
5. 1000 ml **Gemüsebrühe** oder **Wasser** zugießen. Zum Köcheln bringen. Flamme niedrig stellen und 10 Min. köcheln lassen.
6. **Lorbeerblatt**, **Oregano**, **Zitronensaft** und **Salz** einrühren. Weitere 15–20 Min. köcheln lassen. Ab und zu umrühren und bei Bedarf etwas mehr **Wasser** hinzufügen. In Schüsseln geben, mit frischen Kräutern garnieren und servieren.

Variationen:

Garbanzos: Weiße Bohnen mit Kichererbsen ersetzen. **Vedisch**: Knoblauch und Zwiebel weglassen und je 1 TL gemahlenen Kreuzkümmel und Koriander hinzufügen. **Kräuter**: Kreativ werden und frischen Rosmarin, Basilikum, Thymian, Salbei oder andere verwenden!

Caldo Tlalpeño
kräftige traditionelle Suppe

3 bis 4 Portionen / Dauer 45 Min.

1 Tasse (50 g) mittelgroße Sojaschnetzel
3 Tassen (720 ml) Wasser je nach Bedarf
2 TL Gemüsebrühpulver
2 EL Öl
2 kleine Zwiebeln gehackt
2 Knoblauchzehen fein gehackt
1/2 TL Kreuzkümmel gemahlen
1/2 TL Chipotle- oder **Chilipulver**
1/4 TL schwarzer Pfeffer gemahlen
1 EL Limetten- oder **Zitronensaft**
2 EL Tomatenmark
1 kleine (200 g) Zucchini gewürfelt
1 Paprika (rot, gelb oder grün) gewürfelt
3–4 mittelgroße (200 g) Tomaten gewürfelt
2 EL Maismehl
1/2 TL Meersalz

1/2 Avocado in dünne Scheiben geschnitten
frischer Koriander gehackt, zum Garnieren
Limettenspalten

1. In einem kleinen Topf 1 Tasse (240 ml) **Wasser** zum Kochen bringen. **Gemüsebrühpulver** einrühren und die **Sojaschnetzel** hineingeben. Zum Köcheln bringen. Flamme abstellen. Abgedeckt 10 Min. ziehen lassen.
2. In einem großen Topf **Öl** auf mittlerer Flamme erhitzen. **Zwiebeln**, **Knoblauch**, **Kreuzkümmel**, **Chipotle**- oder **Chilipulver** und **Pfeffer** hineingeben. 2–3 Min. unter ständigem Rühren anbraten, bis die Zwiebeln weich sind und zu bräunen beginnen.
3. Mit **Limetten**- oder **Zitronensaft** ablöschen und einige Male umrühren.
4. Eingeweichte **Sojaschnetzel** zusammen mit der **Einweichflüssigkeit** und **Tomatenmark** zugeben. 5 Min. unter ständigem Rühren schmoren, bis die Sojaschnetzel zu bräunen beginnen.
5. Gewürfelte **Zucchini**, **Paprika** und **Tomaten** hinzufügen. Halb abgedeckt 5–7 Min. schmoren, bis das Gemüse weich wird.
6. In einer Schüssel 2 Tassen (480 ml) **Wasser** mit dem **Maismehl** verquirlen und zum schmorenden Gemüse geben. **Salz** einrühren. Zum Kochen bringen, dann die Hitze reduzieren und halb abgedeckt 10–15 Min. unter ständigem Rühren köcheln lassen.
7. In Schüsseln geben, mit **Avocadoscheiben**, **Kräutern** und **Limettenspalten** garnieren und servieren.

Variationen:
Ohne Sojaschnetzel: 150 g Räuchertofu oder Seitan verwenden und entweder zerkrümeln, würfeln oder in dünne Streifen schneiden. Zusammen mit dem Gemüse hinzufügen.

Schneewittchen mit Sonnenbrand
Blumenkohl-Kokos-Chipotle-Suppe mit Pepita-Salsa

3 bis 4 Portionen / Dauer 40 Min.

1 EL Olivenöl
1/2 Zwiebel gehackt
1 Knoblauchzehe fein gehackt
1/2 TL Kreuzkümmel gemahlen
1/2 TL Koriander gemahlen
1/2 TL Paprikapulver
1 Chipotle-Schote fein gehackt
oder **1/2 TL Chipotle-** oder **Chilipulver**
4 Tassen (450 g) Blumenkohl klein geschnitten
1 Tasse (250 ml) Kokosmilch
400 ml Gemüsebrühe oder **Wasser**
1/2 TL Meersalz

1. In einem großen Topf **Öl** auf mittlerer Flamme erhitzen. **Zwiebel**, **Knoblauch**, **Kreuzkümmel**, **Koriander**, **Paprikapulver**, **Chipotle-Schote** (oder **Chipotle**- bzw. **Chilipulver**) hineingeben. 3–4 Min. anbraten, bis die Zwiebelstücke weich und gebräunt sind.
2. **Blumenkohlstücke** hinzufügen. Gut umrühren und 5 Min. unter Rühren braten.
3. **Kokosmilch** zugießen, umrühren und zum Köcheln bringen. Flamme niedrig stellen.
4. Mit einem Pürierstab im Topf oder im Mixer pürieren und dann zurück in den Topf geben.
5. **Gemüsebrühe** (oder **Wasser**) und **Salz** einrühren. 7–10 Min. abgedeckt köcheln lassen. Ab und zu umrühren.
6. Mit etwas **Pepita-Salsa** krönen und mit Brot, Tortillas, Tortillachips oder Crackern servieren.

Pepita-Salsa:

2 EL Kürbiskerne leicht geröstet
6 Cherrytomaten oder **1 Tomate** fein gewürfelt
1/4 Gurke geschält, fein gewürfelt
1 EL Olivenöl
1 EL Limettensaft
1 Prise schwarzer Pfeffer gemahlen
1 Prise Meersalz
1 kleiner Bund frischer Koriander oder **Petersilie** gehackt

1. **Alle Zutaten** in einer Schüssel vermischen.
2. Abdecken und bis zum Servieren im Kühlschrank kaltstellen.

Variationen:

Nüsse: Kürbiskerne mit Sonnenblumen- oder Pinienkernen oder Walnüssen ersetzen.
Kartoffelig: Für eine dickere, reichhaltigere Suppe 1 geschälte, klein gewürfelte Kartoffel oder Süßkartoffel mit dem Blumenkohl in der Pfanne braten. **Dünnere Suppe**: Nach dem Pürieren mehr Kokosmilch, Gemüsebrühe oder Wasser einrühren.

Pozole
kultige Gemüsesuppe

3 bis 4 Portionen / Dauer 40 Min.

2 EL Olivenöl
1 Zwiebel gehackt
2 Knoblauchzehen fein gehackt
1 TL Kreuzkümmel gemahlen
1/2 TL Koriander gemahlen
1–2 EL Chipotle-Schote fein gehackt
oder **1 TL Chipotle-** oder **Chilipulver**
1/2 TL Paprikapulver
1 mittelgroße Möhre klein geschnitten
1 kleine Zucchini gewürfelt
1 mittelgroße Tomate gewürfelt
1 EL Zitronen- oder **Limettensaft**
1 TL frischer Oregano gehackt
2 Tassen (500 ml) Gemüsebrühe
oder **Wasser + 2 TL Gemüsebrühpulver**
1 Tasse (160 g) Maiskörner
oder **gekochte »Hominy«** (Nixtamalmais)
2–3 Tassen (480–720 ml) Wasser
3/4 TL Meersalz

1/2 Avocado in Scheiben geschnitten
Rettich oder **Radieschen** in dünne Scheiben geschnitten
frischer Koriander oder **Petersilie** gehackt

1. In einer Pfanne **Öl** auf mittlerer Flamme erhitzen. **Zwiebel**, **Knoblauch**, **Kreuzkümmel**, **Koriander**, **Chipotle** (oder **Chili**-) und **Paprikapulver** hineingeben und 2–3 Min. anbraten.
2. **Möhre**, **Zucchini** und **Tomate** hinzufügen. 5 Min. unter Rühren braten.
3. **Limetten**- oder **Zitronensaft** und **Oregano** unterrühren. 3–5 Min. schmoren, bis das Gemüse weich ist.
4. **Gemüsebrühe** (oder **Wasser** und **Gemüsebrühpulver**) einrühren. Zum Köcheln bringen. Für eine glattere, weniger stückige Konsistenz mit dem Pürierstab oder im Mixer pürieren.
5. **Maiskörner**, 2 Tassen **Wasser** und **Salz** einrühren. Erneut zum Köcheln bringen und dann Flamme niedrig stellen. Abdecken, 15–25 Min. köcheln lassen und bei Bedarf etwas mehr **Wasser** hinzufügen.
6. Mit frischen **Kräutern**, **Avocado**- und **Rettich**- oder **Radieschenscheiben** garnieren.

Chiles Rellenos
frittierte kleine Paprikaschoten mit Cashew-Käse-Füllung

2 bis 4 Portionen / Dauer 30 Min.

15–20 sehr kleine oder **6–10 kleine bis mittelgroße Paprikaschoten**
1 Tasse (125 g) Mehl
1/4 Tasse (30 g) Kichererbsenmehl
1 EL Speisestärke
1/2 TL Meersalz
1 1/4 Tasse (300 ml) Wasser
1 Tasse Cashew-Blumenkohl-Käse (S. 123)
Pflanzenöl zum Frittieren

1. In einer Schüssel **Mehl**, **Kichererbsenmehl**, **Speisestärke** und **Salz** vermischen.
2. Nach und nach **Wasser** einrühren, bis ein dünner, glatter Teig entsteht. Wenn der Teig zu dick ist, etwas mehr **Wasser** einrühren. Teig 20 Min. ruhen lassen.
3. **Paprikaschoten** waschen und gut trocken tupfen. Stielenden abschneiden und wegwerfen. Falls nötig, einen Längsschnitt setzen und vorsichtig die Samen entfernen.
4. Mit einem Löffel jede **Paprikaschote** mit dem **Cashew-Käse** füllen.
5. In einem hohen Stieltopf oder Topf 3–5 cm **Öl** erhitzen.
6. **Teig** einige Male umrühren. Gefüllte **Paprikaschoten** hineintunken, bis sie gleichmäßig damit überzogen sind, und ins heiße Öl geben. Den Topf nicht überladen.
7. **Paprikaschoten** nach und nach 3–5 Min. unter regelmäßigem Wenden frittieren, bis sie goldbraun sind.
8. **Paprikaschoten** mit einem Schaumlöffel aus dem Öl heben. Zum Abtropfen auf einen großen, mit Küchenpapier ausgelegtenTeller legen.
9. Mit **Chipotle-Soße** oder roter oder grüner **Salsa** servieren.

Empanadas de Espinaca y Papas
herzhafte Spinat-Kartoffel-Taschen

8 bis 10 Stück / Dauer 45 Min. +

Teig:

3 Tassen (375 g) Mehl
1 1/2 TL Meersalz
1/4 TL Backpulver
8 EL (110 g) Margarine
3/4 Tasse (180 ml) kaltes Wasser
2 EL Soja- oder **Reismilch** zum Bepinseln *wenn gewünscht*

1. **Mehl**, **Salz** und **Backpulver** in einer großen Schüssel vermischen. **Margarine** in kleinen Stückchen in die Schüssel geben. Mit den Händen unter die Mehlmischung kneten.
2. Weiterkneten und dabei nach und nach kaltes **Wasser** zugießen, bis der Teig glatt und elastisch ist. Bei Bedarf etwas mehr **Mehl** oder **Wasser** einkneten.
3. In 8–10 gleichgroße Teigkugeln formen und in die Schüssel legen. Abdecken und 20 Min. ruhen lassen.

Spinat-Kartoffel-Füllung:

1–2 EL Öl
1 große rote Zwiebel gehackt
4 mittelgroße (350 g) Kartoffeln geschält, gewürfelt
3 Tassen (100 g) frischer Spinat gehackt
1/2 TL Meersalz

1. In einer großen Pfanne **Öl** auf mittlerer Flamme erhitzen. **Zwiebel** hineingeben und unter ständigem Rühren 2–3 Min. anbraten.
2. **Kartoffelstücke** hinzufügen und gut umrühren. 5–7 Min. halb abgedeckt unter gelegentlichem Rühren braten, bis die Kartoffelstückchen weich werden. **Spinat** unterrühren. 2–3 Min. abgedeckt garen, bis der Spinat zusammenschrumpft. Vom Herd nehmen und abgedeckt beiseite stellen.
3. 2 EL **Soja**- oder **Reismilch** (oder **Wasser**) in eine Tasse geben.
4. Ofen auf 200°C / Stufe 6 vorheizen.
5. **Teigkugeln** auf einer bemehlten Oberfläche mit einem Nudelholz oder einer Flasche 1 cm dick ausrollen. Eine mittelgroße Schüssel oder Untertasse darauf legen und mit einem Messer Kreise ausschneiden. Übrigen Teig verkneten, erneut ausrollen und Kreise ausschneiden.
6. Auf jeden Teigkreis 2 EL der **Füllung** geben. Finger mit **Pflanzenmilch** oder Wasser befeuchten und damit am äußeren Teigrand entlangfahren, damit es beim Verschließen hält. Zu einem Halbmond umklappen und die Ränder mit einer Gabel oder den Fingerkuppen fest zusammendrücken. Backfertige Empanadas wenn gewünscht mit **Pflanzenmilch** bepinseln. Vorsichtig auf ein mit Backpapier ausgelegtes Backblech legen.
7. 20–25 Min. backen, bis die Empanadas knusprig und goldbraun sind.
8. Vor dem Servieren mindestens 5 Min. abkühlen lassen – die Füllung ist sehr heiß!

Variationen:

Gemüse: Beim Vorbereiten der Füllung 1/2 klein geschnittene rote oder gelbe Paprika oder 1/4 Tasse (30 g) gehackte sonnengetrocknete Tomaten zugeben. **Kräuter**: Frische gehackte Kräuter wie Thymian, Basilikum, Oregano oder Rosmarin zur Füllung geben. **Scharf**: 1/2–1 TL Chili- oder Paprikapulver zu den Zwiebeln geben und anbraten, bevor die Kartoffelstückchen in die Pfanne kommen.

Sandwichitos Toluqueños
mit Avocado & Brotaufstrich aus schwarzen Bohnen

4 Portionen / Dauer 20 Min.

2 Tassen (275 g) gekochte schwarze Bohnen
1 EL Olivenöl
1/2 rote Zwiebel gehackt
1 Knoblauchzehe fein gehackt
1/2 rote Chilischote entsamt, gehackt
1/4 TL Kreuzkümmel gemahlen
1/2 TL schwarzer Pfeffer
1 EL Zitronensaft
1 kleine Tomate gewürfelt
1/2 TL Meersalz
1 mittelgroßes Baguette in Scheiben geschnitten
1/2 Avocado in Scheiben geschnitten

1. **Bohnen** aus der Dose vorm Verwenden abgießen, spülen und abtropfen lassen.
2. In einem mittelgroßen Topf **Öl** auf mittlerer Flamme erhitzen.
3. **Zwiebel**, **Knoblauch**, **Chilischote**, **Kreuzkümmel** und **Pfeffer** hineingeben. 3 Min. unter Rühren anbraten.
4. **Zitronensaft**, **Tomatenstückchen**, **schwarze Bohnen** und **Salz** einrühren. Auf niedriger Flamme unter regelmäßigem Rühren 10 Min. schmoren.
5. Vom Herd nehmen und 5 Min. abkühlen lassen. Mit einem Pürierstab pürieren.
6. **Schwarze-Bohnen-Aufstrich** auf **Baguettescheiben** streichen.
7. Mit **Avocadoscheiben** belegen und servieren.

Variationen:
Würziger: 1 EL Hefeflocken, 1 EL Tomatenmark und 1 TL Sojasoße vor dem Pürieren in den Topf geben.
Nussig: 2–3 EL leicht geröstete Sonnenblumenkerne oder Pecannussstückchen vor dem Pürieren in den Topf geben.

Pan de Zanahorias
süßes Möhren-Maisbrot mit Ananasstückchen

8 bis 12 Stück / Dauer 45 Min. +

1 Tasse (135 g) Maismehl
1/2 Tasse (45 g) Kichererbsenmehl
1 TL Backpulver
1/2 Tasse (100 g) Zucker
1/4 TL Meersalz
2 mittelgroße (140 g) Möhren geschält, geraspelt
1/2 Tasse (65 g) Ananas klein gewürfelt
2 EL Öl
1/2 Tasse (120 ml) Sojamilch
1/4 Tasse (60 ml) Wasser

1. **Maismehl**, **Kichererbsenmehl**, **Backpulver**, **Zucker** und **Salz** in einer großen Schüssel vermischen.
2. Geraspelte **Möhren**, **Ananas**, **Öl**, **Sojamilch** und **Wasser** unterrühren, bis ein einigermaßen glatter Teig entsteht. Abdecken und 15 Min. ruhen lassen.
3. Ofen auf 180°C / Stufe 4 vorheizen.
4. Eine Back- oder Auflaufform leicht mit Öl fetten. Teig hineingeben und mit einem Teigschaber glattstreichen.
5. 35–45 Min. backen, bis ein Zahnstocher nach dem Einstechen sauber wieder herauskommt.
6. Vor dem Anschneiden und Servieren 15 Min. abkühlen lassen.

Camotes Fritos
Süßkartoffel-Pommes

3 bis 4 Portionen / Dauer 45 Min. +

3 mittelgroße (400 g) Süßkartoffeln
1 EL Olivenöl
3 Zweige frischer Rosmarin gehackt
1/4 TL Meersalz

1. Ofen auf 220°C / Stufe 7 vorheizen.
2. **Süßkartoffeln** waschen und schälen. In 1–2 cm dicke, möglichst gleichmäßige Stifte oder Spalten schneiden.
3. In eine Schüssel mit dem **Olivenöl**, **Rosmarin** und **Salz** geben und gut verrühren, bis alle Stücke mit dem Rosmarin-Salz-Öl-Mix überzogen sind.
4. Auf ein mit Backpapier ausgelegtes Backblech oder in eine ebenfalls mit Backpapier ausgelegte Auflaufform geben.
5. 35–45 Min. backen. Pommes nach 20 Min. wenden. Für knusprigere Pommes etwas länger backen, aber aufpassen, dass nichts ankohlt. Vor dem Servieren 5–10 Min. abkühlen lassen.

Variationen:
Würzig: Chili- oder Paprikapulver oder gemahlenen Kreuzkümmel oder Koriander untermischen.
Säuerlich: 1 EL Zitronensaft oder Balsamico-Essig vor dem Backen darüber träufeln.

HAUPT-
GERICHTE

Sopes de Espinaca y Champiñones
frittierte Maistortillas mit Spinat & Champignons

2 bis 3 Portionen / Dauer 30 Min. +

Sopes:

3/4 Tasse (100 g) Maismehl (Masa Harina) für Tortillas
3/4 Tasse (180 ml) Wasser
1/4 TL Meersalz
Pflanzenöl zum Frittieren

Spinat & Champignons:

5 Tassen (150 g) Spinat gehackt
8–10 mittelgroße (150 g) Champignons gehackt oder in Scheiben geschnitten
2 EL Pflanzenöl
1 Knoblauchzehe fein gehackt
1/4 TL schwarzer Pfeffer gemahlen
1/4 TL Meersalz

Frischer Koriander oder **Petersilie** gehackt, zum Garnieren
Limettenspalten

1. In einer großen Schüssel **Maismehl** mit **Wasser** und **Salz** verrühren. Zu einem glatten, elastischen Teig kneten, dabei je nach Bedarf mehr **Maismehl** oder **Wasser** zugeben. Abdecken und 20 Min. ruhen lassen. Währenddessen das Gemüse zubereiten.
2. In einer Pfanne **Öl** auf mittlerer Flamme erhitzen. **Knoblauch** und **Pfeffer** hineingeben. 1–2 Min. unter Rühren anbraten.
3. **Champignons** zugeben. 3–5 Min. unter Rühren braten.
4. Gehackten **Spinat** unterrühren und halb abgedeckt 3–5 Min. schmoren, bis der Spinat schrumpft.
5. Salzen und einige Male umrühren. Abdecken, bis die Sopes fertig gebraten und bereit zum Belegen sind.
6. **Teig** in 6–8 gleichgroße Kugeln formen. Arbeitsfläche mit Mehl bestäuben oder mit Backpapier auslegen und jede Kugel mit genügend Abstand zueinander darauf flach drücken. Mit den Fingern jeweils in 1 cm dicke Scheiben drücken und ziehen. Mit den Fingerkuppen kleine dicke Ränder formen.
7. **Öl** zum Frittieren ca. 1 cm hoch in eine Pfanne geben und auf mittlerer Flamme erhitzen.
8. Je nach Größe der Pfanne 2 bis 3 Sopes gleichzeitig 2–3 Min. pro Seite frittieren, bis sie goldbraun und leicht knusprig sind. Pfanne nicht überladen! Vorsichtig mit einem Schaumlöffel herausheben und abtropfen lassen. Auf Teller legen.
9. Großzügig mit dem gebratenen Spinat-Pilz-Mix belegen und mit **Salsa** oder anderen Würzsoßen deiner Wahl krönen.
10. Mit gehackten **Kräutern** garnieren und mit **Limettenspalten** servieren.

Variationen:

Rot: Gemüse mit 1 gehackten Tomate, roten Paprika oder 1/2 Tasse (30 g) gehackten sonnengetrockneten Tomaten braten. **Aromatisch scharf**: 1 fein gehackte Chili und/oder je 1/2 TL gemahlenen Kreuzkümmel, Koriander und/oder Paprikapulver unters Gemüse rühren. **Frische Kräuter**: 1–2 TL gehackten frischen Rosmarin, Thymian, Basilikum oder Oregano mit dem Spinat in die Pfanne geben.

Tacos de Calabacitas y Champiñones
Zucchini-Pilz-Tacos

2 bis 3 Portionen / Dauer 20 Min.

2 mittelgroße (350 g) Zucchini gewürfelt oder in Halbmonde geschnitten
6–8 große (150 g) Pilze gewürfelt oder in Scheiben geschnitten
1 EL Olivenöl
1/2 rote Zwiebel gehackt
1 Knoblauchzehe fein gehackt
1/4 TL schwarzer Pfeffer gemahlen
2 TL frischer Rosmarin fein gehackt
2 TL frischer Oregano fein gehackt
1/2 TL Meersalz
6 Mais- oder **Weizenmehltortillas** (S. 124 oder 125)

1 Tomate gewürfelt
frische Sprossen oder **Kopfsalat**
Cashew Sour Cream (S. 119)

1. In einer großen Pfanne **Öl** auf mittlerer Flamme erhitzen.
2. **Zwiebel**, **Knoblauch** und **Pfeffer** hineingeben. 2–3 Min. anbraten, bis die Zwiebelstückchen weich werden.
3. **Zucchini**, **Pilze**, **Rosmarin** und **Oregano** zugeben. 7–10 Min. halb abgedeckt schmoren, bis das Gemüse gar ist.
4. **Salz** einrühren und bis zum Servieren abgedeckt stehen lassen.
5. In einer weiteren Pfanne **Tortillas** 20–30 Sek. pro Seite erwärmen.
6. 2–3 EL der **Zucchini-Pilz-Füllung** auf jede **Tortilla** geben.
7. Mit **Cashew Sour Cream**, Guacamole, und/oder deiner Lieblings-Salsa servieren.

Variationen:
Fast vedisch: Zwiebel und Knoblauch mit 1/2 gehackten grünen oder roten Chilischote ersetzen.
Scharf: Eine frische gehackte Chilischote oder 1/2 TL Chilipulver mit dem Pfeffer in die Pfanne geben.

Jackfrucht-Tacos
Faux-Fisch-Tacos mit Mango-Salsa

2 bis 3 Portionen / Dauer 30 Min.

2 Tassen (300 g) junge Jackfrucht (ungesüßt!)
2 EL Olivenöl oder **Kokosfett**
1 große Zwiebel gehackt
2 Knoblauchzehen fein gehackt
1/2 TL Kreuzkümmel gemahlen
1/2 TL Koriander gemahlen
1/2 TL Paprikapulver
1/2 TL schwarzer Pfeffer gemahlen
1 El Sojasoße
2 EL Limettensaft
1 TL Agavendicksaft oder **Zucker**
1/2 TL Meersalz
1 kleiner Bund frischer Koriander oder **Petersilie** gehackt

6 Mais- oder **Weizenmehltortillas** (S. 124 oder 125)
Mango Salsa (S. 121)

1. **Jackfrucht** aus der Dose vor dem Verwenden abgießen und spülen. In kleine Streifen oder Stücke schneiden.
2. In einer großen Pfanne **Öl** auf mittlerer Flamme erhitzen.
3. **Zwiebel** und **Knoblauch** hineingeben. 3–4 Min. anbraten, bis die Zwiebelstückchen weich werden.
4. **Kreuzkümmel**, **Koriander**, **Paprikapulver** und **Pfeffer** zugeben. 1–2 Min. unter Rühren braten.
5. **Jackfruchtstückchen** einrühren. 5 Min. halb abgedeckt unter Rühren braten.
6. **Sojasoße**, **Limettensaft**, **Agavendicksaft** (oder **Zucker**) und **Salz** einrühren. Flamme auf mittlere Stufe stellen. 5–10 weitere Min. schmoren, bis die Jackfruchtstückchen die gewünschte Konsistenz haben. Vom Herd nehmen.
7. Gehackte **Kräuter** unterrühren. Bis zum Servieren abgedeckt stehen lassen.
8. In einer weiteren Pfanne **Tortillas** 20–30 Sek. pro Seite erwärmen. 2–3 EL der **Jackfrucht-Füllung** auf jede Tortilla geben.
9. Mit **Mango**- oder einer anderen **Salsa** (oder Soße und weiteren Extras auf Wunsch) servieren.

Variationen:

Rot: 1/2 gehackte Tomate und 1–2 EL Tomatenmark mit den Gewürzen in die Pfanne geben.
Tutti Frutti: 1/2 Tasse (60 g) frische gehackte Ananas oder Birne zusammen mit den Jackfruchtstückchen in die Pfanne geben. **Vedisch**: Zwiebel und Knoblauch mit 1 TL schwarzen Senfsamen und 1 Prise Asafoetida (Hing-Pulver) ersetzen. Menge an Kreuzkümmel und Koriander auf je 1 TL erhöhen.

Tacos de Lentejas
Veggie-Klassiker mit würziger Linsenfüllung

3 bis 4 Portionen / Dauer 30 Min.

3/4 Tasse (120 g) braune oder **rote Linsen** (ungekocht)
1 Tasse (240 ml) Gemüsebrühe oder **Wasser**
1 große (130 g) Kartoffel gewürfelt
6–8 mittelgroße (90 g) Pilze klein geschnitten oder in Scheiben
2 mittelgroße (150 g) Tomaten gewürfelt
2 EL Olivenöl
2 Knoblauchzehen fein gehackt
1 mittelgroße Zwiebel gehackt
1 Chipotle-Schote fein gehackt oder **1/2 TL Chilipulver**
1 TL Kreuzkümmel gemahlen
1/2 TL Koriander gemahlen
1/2 TL Paprikapulver
1/2 TL schwarzer Pfeffer gemahlen
1 EL Tomatenmark
1 EL Zitronensaft
1 TL Agavendicksaft oder **Zucker**
1 TL frischer Thymian gehackt
1 TL frischer Oregano gehackt
3/4 TL Meersalz
6–8 Mais- oder **Weizenmehltortillas** (S. 124 oder 125)
1 kleiner Bund frischer Koriander oder **Petersilie** gehackt, zum Garnieren

1. In einem kleinen Topf **Gemüsebrühe** oder **Wasser** zum Kochen bringen. **Linsen** hineingeben und erneut zum Kochen bringen. Abdecken und Flamme niedrig stellen. **Linsen** unter regelmäßigem Rühren 15–20 Min. weich kochen. Eventuell übrig gebliebene Flüssigkeit in eine Schüssel oder ein Glas abgießen und später verwenden.
2. In einer großen Pfanne **Öl** auf mittlerer Flamme erhitzen. **Knoblauch**, **Zwiebel**, **Chipotle-Schote** oder **Chilipulver**, **Kreuzkümmel**, **Koriander**, **Paprikapulver** und **Pfeffer** hineingeben. 3–4 Min. unter Rühren anbraten, bis die Zwiebel weich wird.
3. **Kartoffelwürfel** einrühren. 5 Min. halb abgedeckt unter gelegentlichem Rühren braten.
4. **Pilzstückchen** und gekochte **Linsen** zugeben. 1–2 Min. unter ständigem Rühren braten.
5. **Tomatenstücke**, **Tomatenmark**, **Zitronensaft**, **Agavendicksaft** (oder **Zucker**), **Thymian**, **Oregano** und **Salz** unterrühren. Zum Köcheln bringen. Flamme niedrig stellen.
6. Halb abgedeckt unter regelmäßigem Rühren 8–10 Min. schmoren, bis die Kartoffelwürfel weich sind und die Füllung die gewünschte Konsistenz hat. Bei Bedarf nach und nach die übrig gebliebene Gemüsebrühe oder Wasser einrühren, falls die Soße zu schnell eindickt. Vom Herd nehmen.
7. In einer weiteren Pfanne **Tortillas** 20–30 Sek. pro Seite erwärmen. 2–3 EL der **Linsen-Füllung** auf jede Tortilla geben.
8. Mit gehackten **Kräutern** bestreuen und mit Guacamole und deiner Lieblings-Salsa servieren.

Variationen:
Linsen-Blumenkohl: Kartoffeln und Pilze mit 2 Tassen (220 g) klein gehacktem Blumenkohl ersetzen.
Vedisch: Zwiebel und Knoblauch mit einer gehackten grünen Chilischote ersetzen.

Tostada Supreme
Supersnack mit Suchtfaktor

3 bis 4 Portionen / Dauer 30 Min.

1 Tasse (50 g) feine Sojaschnetzel
1 Tasse (240 ml) Wasser + 2 TL Gemüsebrühpulver
4–6 mittelgroße (80 g) Pilze gewürfelt oder in Scheiben geschnitten
2–3 mittelgroße (240 g) Tomaten gewürfelt
3 EL Olivenöl
2 kleine Zwiebeln gehackt
2 Knoblauchzehen fein gehackt
1 kleine Chili fein gehackt
1 TL Kreuzkümmel gemahlen
1/2 TL Koriander gemahlen
1/2 TL Paprikapulver
1 TL Fenchelsamen
2 EL Tomatenmark
1 EL Balsamico-Essig
1–2 EL Sojasoße
1 EL Agavendicksaft oder **Zucker**
3/4 TL Meersalz
2 TL frischer Rosmarin gehackt
2 TL frischer Oregano gehackt
2 TL frischer Thymian gehackt
2 TL frisches Basilikum gehackt

9–12 große Mais-Tostadas oder **150 g Tortilla-Chips**
2 mittelgroße Tomaten gewürfelt
1 Gurke geschält und gewürfelt
1 Tasse Guacamole (S. 118)
frischer Koriander oder **Petersilie** gehackt, zum Garnieren

1. **Sojaschnetzel** und **Gemüsebrühpulver** mit 1 Tasse (240 ml) kochendem **Wasser** in einer Schüssel verrühren. Abdecken und 10 Min. einweichen.
2. In einer großen Pfanne Öl auf mittlerer Flamme erhitzen. **Zwiebel**, **Knoblauch**, **Chili**, **Kreuzkümmel**, **Koriander**, **Paprikapulver** und **Fenchelsamen** hineingeben. 2–3 Min. anbraten, bis die Zwiebel weich wird und zu bräunen beginnt.
3. Überschüssiges Einweichwasser von den Sojaschnetzeln in eine Schüssel abgießen.
4. **Pilze** und **Sojaschnetzel** in die Pfanne geben. 3–5 Min. unter regelmäßigem Rühren braten.
5. **Tomatenstückchen**, **Tomatenmark**, **Essig**, **Sojasoße** und **Agavendicksaft** (oder **Zucker**) einrühren. 5 Min. unter gelegentlichem Rühren weiterschmoren.
6. **Salz** unterrühren, Flamme niedrig stellen und weitere 10–15 Min. köcheln, bis die Soße eindickt und die gewünschte Konsistenz hat. Bei Bedarf nach und nach etwas **Wasser** einrühren.
7. **Rosmarin**, **Oregano**, **Thymian** und **Basilikum** hinzufügen. Umrühren und weitere 2–3 Min. abgedeckt köcheln lassen. Vom Herd nehmen.
8. **Tostadas** auf Teller legen und je 2–3 EL der **Füllung**, **Guacamole**, **Tomaten**- und **Gurkenwürfel** und frische **Kräuter** darauf geben. Oder Tortilla-Chips, Füllung, Gemüsewürfel, Guacamole und Kräuter in Schüsseln zum Dippen servieren.

Tamales
mit schwarzen Bohnen & Räuchertofu gefüllt

8 bis 10 Stück / Dauer 60 Min. +

8–10 Maisblätter
2 Tassen (250 g) Maismehl
1/2 TL Backpulver
3/4 TL Meersalz
3 EL Pflanzenöl
1 1/2 Tassen (350 ml) Wasser
1 EL Agavendicksaft oder **Zucker**
1 EL Limetten- oder **Zitronensaft**
1/2 TL Paprika- oder **Chilipulver**

1. In einem großen Topf oder einer großen Schüssel **Maisblätter** 60 Min. in heißem Wasser einweichen.
2. In einer großen Schüssel **Maismehl**, **Backpulver** und **Salz** vermischen.
3. **Öl**, **Wasser**, **Agavendicksaft** (oder **Zucker**), **Limetten**- oder **Zitronensaft** und **Paprikapulver** hinzufügen. Mit einer Gabel verrühren und dann mit den Händen zu einem glatten und elastischen Teig verkneten. Ist der Teig zu feucht, etwas mehr **Mehl**, ist er zu trocken, nach und nach etwas mehr **Wasser** hinzufügen.
4. Teig in 8 bis 10 gleichgroße Kugeln formen. Zurück in die Schüssel geben, abdecken. 20 Min. ruhen lassen.

Schwarze Bohnen-Räuchertofu-Füllung:

1 1/2 Tassen (220 g) gekochte schwarze Bohnen
100 g Räuchertofu fein zerkrümelt
1 mittelgroße Tomate gewürfelt
1 EL Pflanzenöl
1 mittelgroße Zwiebel gehackt
4 Knoblauchzehen fein gehackt
1 Chilischote fein gehackt
oder **1/2 TL Chilipulver**
1 TL Kreuzkümmel gemahlen
1 TL Paprikapulver
1 EL Limetten- oder **Zitronensaft**
3/4 TL Meersalz

1. In einer Pfanne **Öl** auf mittlerer Flamme erhitzen. **Zwiebel**, **Knoblauch**, **Chili**, **Kreuzkümmel** und **Paprikapulver** hineingeben. 3–5 Min. anbraten, bis die Zwiebel weich wird und beginnt zu bräunen.
2. **Schwarze Bohnen**, zerkrümelten **Räuchertofu**, **Tomatenwürfel**, **Limetten**- oder **Zitronensaft** und **Salz** einrühren. 5–7 Min. unter Rühren schmoren.
3. **Bohnenfüllung** mit einer Gabel oder einem Kartoffelstampfer gut zerdrücken.
4. Eingeweichtes **Maisblatt** flach drücken. 3–4 EL **Maisteig** in die Mitte geben und flach drücken, bis er ca. 1 cm dick ist. 3–4 EL der **Bohnenfüllung** darüber streichen. In das Maisblatt einrollen. Restliche Tamales vorbereiten.
5. **Tamales** im Dampfkochtopf 50–60 Min. dämpfen. Alternativ einen großen, abgedeckten Topf mit einem Garbehälter aus Metall oder einer hitzebeständigen Schüssel verwenden, um die Tamales über dem Wasser zu dämpfen.
6. Abkühlen lassen, auswickeln und mit deiner Lieblings-Salsa, scharfen Soße und weiteren Extras genießen.

Variationen:

Sojaschnetzel: Tofu mit 3/4 Tasse (40 g) Sojaschnetzel (vorher 10 Min. in 3/4 Tasse (180 ml) kochender Gemüsebrühe eingeweicht) ersetzen. Eingeweichte Sojaschnetzel vor dem Verwenden auspressen.
Ohne Soja: Tofu einfach weglassen, Gewürzmenge etwas reduzieren.

Mexican Magic Rice
mit würzigem Seitan

3 bis 4 Portionen / Dauer 35 Min.

150 g Seitan in Scheiben oder Stückchen geschnitten
3/4 Tasse (75 g) grüne Erbsen
1/2 Tasse (50 g) schwarze Oliven in Scheiben oder Stückchen geschnitten
3 EL Öl
1 mittelgroße Zwiebel gehackt
2 Knoblauchzehen fein gehackt
1 TL Kreuzkümmel gemahlen
1 TL Koriander gemahlen
1 Tasse (200 g) Reis
2 EL Tomatenmark
1/2 TL Kurkuma
1 Lorbeerblatt
3/4 TL Salz
1/2 Tasse (120 ml) Bier oder **Gemüsebrühe**
1 Tasse (240 ml) Wasser
1 TL Paprikapulver
1/2 TL schwarzer Pfeffer gemahlen
1/2 TL Chipotle- oder **Chilipulver** *wenn gewünscht*
1 TL frischer Oregano gehackt
1 EL Zitronensaft
frischer Koriander oder **Petersilie** gehackt, zum Garnieren

1. In einem großen Topf 2 EL **Olivenöl** auf mittlerer Flamme erhitzen. Gehackte **Zwiebeln**, **Knoblauch**, gemahlenen **Kreuzkümmel** und **Koriander** hineingeben. 2–3 Min. unter ständigem Rühren anbraten.
2. **Reis**, **Tomatenmark**, **Kurkuma**, **Lorbeerblatt** und **Salz** hinzufügen. Gut umrühren.
3. **Bier** oder **Gemüsebrühe** und **Wasser** einrühren. Unter Rühren zum Kochen bringen. Flamme niedrig stellen. Abdecken und 15–20 Min. kochen, bis der Reis gar ist. Vom Herd nehmen und mit einer Gabel auflockern. Abdecken und 5–10 Min. ziehen lassen.
4. 1 EL **Olivenöl** in einer großen Pfanne auf mittlerer Flamme erhitzen.
5. **Paprikapulver**, **Pfeffer**, **Chipotle**- oder **Chilipulver** und **Seitanstücke** hineingeben. 4–5 Min. unter Rühren anbraten, bis der Seitan leicht knusprig und gebräunt ist.
6. Gehackten **Oregano** und **Zitronensaft**, **Erbsen** und **Olivenstückchen** einrühren. Weitere 2–3 Min. unter ständigem Rühren schmoren. Vom Herd nehmen. Abdecken, bis der Reis fertig ist.
7. Gebratenen **Seitan**, **Erbsen** und **Oliven** in den Topf mit dem Reis geben. Gut umrühren und bis zum Servieren abgedeckt ziehen lassen.
8. Mit gehacktem **Koriander** oder **Petersilie** garnieren und servieren.

Variationen:

Ohne Fleischersatz: Statt Seitan gehackte Pilze, z.B. Kräuterseitlinge, verwenden. **Ohne Oliven**: Mit Maiskörnern, Paprika-, Brokkoli- oder anderen Gemüsestückchen ersetzen. **Scharf**: 1 fein gehackte Chipotle- oder Chilischote beim Anbraten der Gewürze und Seitanstückchen in die Pfanne geben. **Rote Farbtupfer**: 8–10 Cherrytomaten ganz oder halbiert mit dem Seitan anbraten.

Würziger Tempeh-Schaschlik
mit gegrilltem Gemüse

3 bis 4 Portionen / Dauer 45 Min. +

200 g Tempeh
1 kleine Zucchini in dicke Scheiben geschnitten
2 Paprika in große Stücke geschnitten
1 große rote Zwiebel geviertelt
2 Knoblauchzehen gehackt

Marinade:

1/3 Tasse (80 ml) Orangensaft
2 EL Limettensaft oder **1 EL Apfelessig**
1/3 Tasse (80 ml) Wasser
3 EL Olivenöl
1 TL frischer Oregano gehackt
1 TL Kreuzkümmel gemahlen
1/2 TL Koriander gemahlen
1 TL Chilipulver gemahlen
1/2 TL schwarzer Pfeffer gemahlen
2 EL Sojasoße
1 EL Agavendicksaft oder **Zucker**

1. **Tempeh** in große Würfel oder dicke Scheiben schneiden.
2. Alle **Marinade-Zutaten** in einer großen Schüssel verquirlen. **Tempeh**, **Zucchini**, **Paprika**, **Zwiebel** und **Knoblauch** hineingeben. Gut vermengen, bis alle Stücke mit der Marinade überzogen sind. 60 Min. marinieren, dabei jeweils nach 20 Min. umrühren bzw. Stücke in der Marinade wenden.
3. Ofen auf 230°C / Stufe 8 vorheizen.
4. **Tempeh**- und **Gemüsestücke** nach Wunsch auf Schaschlikspieße stecken und dann in eine Auflaufform legen.
5. Übrige **Marinade** über die fertigen Schaschlikspieße gießen.
6. 40–50 Min. grillen, bis das Gemüse und der Tempeh gar ist und zu bräunen beginnt. Alle 15 Min. wenden und mit Marinade übergießen oder bepinseln.
7. Mit deiner Lieblings-Salsa, Guacamole oder Cashew Sour Cream servieren.

Variationen:

Ohne Tempeh: Mit festem Tofu oder in dicke Scheiben geschnittenes Gemüse, z.B. rote Beete, Fenchel oder Aubergine ersetzen. **Ohne Schaschlikspieße**: Gemüse- und Tempehstücke nach dem Marinieren auf ein mit Backpapier ausgelegtes Backblech geben und im Ofen rösten.

Blumenkohl-Steaks
mit Basilikum-Koriander-Zitronensoße

4 Portionen / Dauer 30 Min.

1 Kopf Blumenkohl
2 kleine Tomaten in dicke Scheiben geschnitten
2 EL Olivenöl
1–2 Knoblauchzehen gehackt
1/2 TL Paprikapulver gemahlen
1/2 TL schwarzer Pfeffer gemahlen
1 EL Zitronensaft

1. **Blumenkohl** waschen und in 3–4 cm dicke Scheiben schneiden. (Sieht einem Querschnitt durch eine Baumkrone ähnlich.)
2. In einer großen Pfanne **Öl** auf mittlerer Flamme erhitzen.
3. **Knoblauch** hineingeben und 1–2 Min. unter ständigem Rühren anbraten.
4. **Blumenkohlscheiben** (und große Stücke, wenn Scheiben auseinander gebrochen sind) zusammen mit den **Tomatenscheiben** in die Pfanne geben. Mit **Paprikapulver** und **Pfeffer** bestreuen.
5. Die Scheiben je nach Dicke und Pfannenhitze 4–7 Min. pro Seite braten, bis sie goldbraun sind.
6. Mit **Zitronensaft** beträufeln, erneut wenden und weitere 1–2 Min. braten.
7. Flamme abstellen und bis zum Servieren abgedeckt stehen lassen.
8. **Basilikum-Koriander-Zitronen-Soße** nach Wunsch darüber geben.

Basilikum-Koriander-Zitronensoße:

1/4 Tasse (15 g) sonnengetrocknete Tomaten gehackt
1/4 Tasse (30 g) Walnüsse oder **Sonnenblumenkerne** leicht geröstet
1/3 Tasse (80 ml) heißes Wasser je nach Bedarf
kleiner Bund frisches Basilikum gehackt
kleiner Bund frischer Koriander gehackt
1 EL Olivenöl
1 EL Zitronensaft
1 TL Agavendicksaft oder **Zucker** *wenn gewünscht*
1/4 TL Meersalz *wenn gewünscht*

1. **Sonnengetrocknete Tomaten** und gehackte **Walnüsse** (oder **Sonnenblumenkerne**) 10 Min. in heißem Wasser einweichen.
2. **Alle Zutaten** einschließlich der **Tomaten**, **Nüsse** und dem Einweichwasser in einen Mixer oder eine Küchenmaschine geben. Mehrmals kurz häckseln, und dann glatt pürieren. Bei Bedarf etwas mehr **Wasser** hinzufügen.

Enchiladas Rojas
mit Cashew-Käse-Füllung & roter Chipotle-Soße

3 bis 4 Portionen / Dauer 40 Min. +

6–8 mittelgroße Mais- oder **Weizenmehltortillas** (S. 124 oder 125)
1 Tasse Cashew-Blumenkohl-Käse (S. 123)
Frischer Koriander oder **frische Petersilie** gehackt, zum Garnieren

Rote Chipotle-Soße:

2–3 große (400 g) Tomaten gewürfelt
1 EL Olivenöl
1/2 rote Zwiebel gehackt
2 Knoblauchzehen fein gehackt
1/4 TL Kreuzkümmel gemahlen
1–2 Chipotle-Chilischoten fein gehackt
oder **1 TL Chipotle-** oder **Chilipulver**
1/4 TL schwarzer Pfeffer gemahlen
1/2 TL Paprikapulver
1 TL frischer Oregano gehackt
1 EL Tomatenmark
1 EL Balsamico-Essig oder **Zitronensaft**
1 TL Agavendicksaft oder **Zucker**
1/4 TL Meersalz

1. **Tomaten** in einem Mixer oder einer kleinen Küchenmaschine pürieren. Bei Bedarf etwas Wasser hinzufügen, um ein glattes Püree zu bekommen.
2. In einer mittelgroßen Pfanne **Öl** auf mittlerer Flamme erhitzen. **Zwiebel**, **Knoblauch**, **Kreuzkümmel**, **Chipotle** (oder **Chilipulver**), **Pfeffer** und **Paprikapulver** hineingeben. 3–5 Min. unter Rühren anbraten, bis die Zwiebeln weich werden und zu bräunen beginnen.
3. Pürierte **Tomaten** hinzufügen, zum Köcheln bringen und Hitze reduzieren. 10 Min. unter Rühren köcheln. Bei Bedarf etwas Wasser hinzufügen.
4. **Tomatenmark**, **Essig** (oder **Zitronensaft**), **Agavendicksaft** (oder **Zucker**) und **Salz** einrühren. Auf niedriger Flamme weitere 15–20 Min. köcheln lassen, bis die Soße gleichmäßig eingedickt und tiefrot ist.
5. Ofen auf 220°C / Stufe 7 vorheizen.
6. Ungefähr 2 EL **Cashew-Blumenkohl-Käse** auf jede Tortilla geben. Aufrollen und mit etwas **Soße** oder Wasser am Rand versiegeln.
7. Gefüllte Tortillarollen eng nebeneinander in eine leicht gefettete Backform legen.
8. Großzügig **Chipotle-Soße** darüber gießen. Mit einem Löffel gleichmäßig verstreichen.
9. 35–45. Min. im Ofen backen, bis die Oberfläche knusprig ist und kleine Bläschen zeigt. Aus dem Ofen nehmen und 10 Min. abkühlen lassen.
10. Mit frischen gehackten **Kräutern** garnieren und servieren.

Variationen:

Schnell & Einfach: Veganen Frischkäse aus dem Laden verwenden und mit geriebenem veganen Käse bestreuen. **Extra Gemüse**: Mit klein gehackten Pilzen, Zucchini, Brokkoli, Spinat oder anderem Gemüse füllen oder bestreuen.

Enchiladas de Mole
mit Spinat-Räuchertofu-Füllung

3 bis 4 Portionen / Dauer 45 Min. +

6–8 mittelgroße Mais- oder **Weizentortillas** (S. 124 oder 125)
1 Tasse Salsa de Mole oder **Easy-Mole-Soße** (S. 85 oder 122)
3–4 Tassen (120 g) Spinat gehackt
150 g Räuchertofu zerkrümelt
frischer Koriander oder **Petersilie** gehackt, zum Garnieren

1. Ofen auf 220°C / Stufe 7 vorheizen.
2. 2–3 EL zerkrümelten **Tofu** und eine Handvoll gehackten **Spinat** auf jede Tortilla geben. Aufrollen und mit etwas **Soße** oder Wasser versiegeln.
3. Aufgerollte **Tortillas** eng nebeneinander in eine leicht gefettete Auflaufform legen.
4. Großzügig **Mole-Soße** darüber gießen. Mit einem Löffel gleichmäßig verstreichen.
5. 35–45. Min. im Ofen backen, bis die Oberfläche knusprig ist und kleine Bläschen entstehen. Aus dem Ofen nehmen und 10 Min. abkühlen lassen.
6. Mit frischen gehackten **Kräutern** garnieren und servieren.

Variationen:
Lieber rot: Für eine tomatigere Variante rote Chipotle- (S. 63) statt Mole-Soße verwenden. Oder Enchiladas vor dem Backen mit Tomatenstückchen (am besten geviertelte Cherrytomaten) belegen, um sie etwas saftiger und fruchtiger zu machen.

Chilaquiles
Frühstücksklassiker mit Tortilla, Bohnen & Salsa

2 Portionen / Dauer 20 Min.

Schnelle rote Salsa:

2 mittelgroße (200 g) Tomaten gehackt
1/2 rote Zwiebel gehackt
1/2 Gurke geschält, gehackt
1 EL Zitronensaft oder **Apfelessig**
1 TL Agavendicksaft oder **Zucker**
1/2 Tasse (120 ml) Wasser

Chilaquiles:

2 EL Olivenöl
1 Knoblauchzehe gehackt
1/4 TL schwarzer Pfeffer gemahlen
1/4 TL Kreuzkümmel gemahlen
1 Tasse (180 g) gekochte schwarze Bohnen
1/3 Tasse (80 ml) Gemüsebrühe oder **Wasser**
1 EL Tomatenmark
120 g Tortilla-Chips
1/4 TL Salz

frischer Koriander oder **Petersilie** gehackt, zum Garnieren

1. Alle **Salsa-Zutaten** in einen Mixer oder eine Küchenmaschine geben und feinstückig bzw. fast glatt pürieren, oder 2 Tassen fertige rote Salsa verwenden.
2. In einem großen Topf **Öl** auf mittlerer Flamme erhitzen.
3. **Knoblauch**, **Pfeffer** und **Kreuzkümmel** hinzufügen. 2 Min. unter Rühren anbraten.
4. **Salsa** in einen Topf geben und unter Rühren zum Kochen bringen. 5 Min. köcheln lassen.
5. **Schwarze Bohnen**, **Gemüsebrühe** (oder zusätzliches **Wasser**) und **Tomatenmark** zugeben. Erneut zum Köcheln bringen.
6. **Tortilla-Chips** und **Salz** unterrühren, bis alle Chips mit dem **Bohnen-Salsa-Mix** überzogen sind. Abdecken und vom Herd nehmen. Einige Minuten ziehen lassen und einige Male vorsichtig umrühren.
7. Mit frischen gehackten **Kräutern** garnieren und mit Cashew Sour Cream oder Guacamole servieren.

Variationen:

Andere Bohnen: Statt schwarzen Bohnen gekochte Kichererbsen, weiße Bohnen, Kidney- oder Pintobohnen verwenden.

Brunch Burritos
mit Tofu Scramble, Kartoffelwürfeln & Easy-Cheezy-Soße

2 bis 4 Portionen / Dauer 30 Min.

2 EL Olivenöl
1/2 rote Zwiebel gehackt
1/2 TL Koriander gemahlen
1/2 TL Kreuzkümmel gemahlen
1/4 TL schwarzer Pfeffer gemahlen
1/4 TL Paprikapulver
2 mittelgroße (160 g) Kartoffeln klein gewürfelt
150 g fester Tofu zerkrümelt oder **6–8 mittelgroße (100 g) Pilze** klein geschnitten
1 TL frischer Thymian gehackt
1 EL Tomatenmark
1 EL Zitronensaft
1/2 TL Salz
1/4 Kopfsalat gehackt
2 mittelgroße Tomaten klein gewürfelt
4 mittelgroße Weizenmehl-Tortillas
frischer Koriander oder **Petersilie** gehackt

1. In einer großen Pfanne **Öl** auf mittlerer Flamme erhitzen. **Zwiebel**, gemahlenen **Koriander**, **Kreuzkümmel**, **Pfeffer** und **Paprikapulver** hineingeben. 3 Min. unter ständigem Rühren anbraten.
2. **Kartoffelwürfel** zugeben und gut umrühren. 5 Min. unter Rühren braten.
3. Zerkrümelten **Tofu** (oder geschnittene **Pilze**), **Thymian** und **Tomatenmark** einrühren. Halb abgedeckt unter gelegentlichem Rühren ca. 10 Min. braten, bis die Kartoffeln durchgegart sind.
4. **Zitronensaft** und **Salz** einrühren. Flamme abstellen. Pfanne abdecken, bis die Burritos vorbereitet werden.
5. Einige Löffel der **Tofu-Kartoffel-Mischung** auf die Tortillas geben. Nach Belieben **Easy-Cheezy-Soße**, **Kopfsalat**, **Tomatenstückchen** und **Kräuter** darüber geben. Mit Salsa oder scharfer Soße nach Wahl krönen. Unteres Ende des Burritos umklappen und dann von der Seite aus aufrollen.

Easy-Cheezy-Soße:

1 EL Olivenöl oder **Margarine**
1/2 Tasse (120 ml) Soja- oder **Mandelmilch**
1/4 Tasse (30 g) Cashewkerne oder **Sonnenblumenkerne** leicht geröstet, gemahlen
2 EL Hefeflocken
1 TL Tomatenmark
1/4 TL Paprikapulver gemahlen
1 EL Zitronensaft
1 TL Speisestärke + 2 EL Wasser
1/4 TL Salz

1. In einem mittelgroßen Topf **Öl** oder **Margarine** auf mittlerer Flamme erhitzen. **Soja**- oder **Mandelmilch** hinzufügen und zum Kochen bringen. Flamme niedrig stellen. Gemahlene **Cashew**- oder **Sonnenblumenkerne**, **Hefeflocken**, **Tomatenmark**, **Paprikapulver** und **Zitronensaft** einrühren. 3 Min. unter ständigem Rühren köcheln lassen.
2. In einer kleinen Schüssel **Speisestärke** mit 2 EL Wasser verquirlen. Nach und nach in die köchelnde Soße gießen. Soße 3–5 Min. unter ständigem Rühren köcheln und eindicken lassen. Vom Herd nehmen.

Mexi-Makkaroni
mit Räuchertofu und frischen Kräutern

3 bis 4 Portionen / Dauer 25 Min.

250 g Makkaroni (Hörnchennudeln) oder **kleine Pastamuscheln**
2 EL Olivenöl
2 kleine Zwiebeln gehackt
2 Knoblauchzehen fein gehackt
1 kleine Chilischote fein gehackt
1/2 TL schwarzer Pfeffer gemahlen
1/2 TL Paprikapulver
1/2 TL Kreuzkümmel gemahlen
3/4 TL Fenchelsamen ganz oder gemahlen
200 g Räuchertofu zerkrümelt
8–10 mittelgroße (150 g) Pilze klein geschnitten
6 mittelgroße (500 g) Tomaten klein gewürfelt oder geschnitten
2 EL Tomatenmark
1 EL Balsamico-Essig
1 EL Sojasoße
1 EL Agavendicksaft oder **Zucker**
3/4 TL Meersalz
1/4 Tasse (60 ml) Wasser
1 EL frischer Rosmarin gehackt
1 EL frischer Oregano gehackt
1 EL frischer Thymian gehackt
1 EL frisches Basilikum gehackt
1 kleiner Bund frischer Koriander oder **Petersilie** gehackt, zum Garnieren

1. **Pasta** gemäß Anleitung kochen. Abgießen, zurück in den Topf geben, mit etwas **Olivenöl** vermischen, abdecken und beiseite stellen, bis die Soße fertig ist.
2. In einer großen Pfanne **Öl** auf mittlerer Flamme erhitzen. **Zwiebeln**, **Knoblauch**, **Chilischote**, **Pfeffer**, **Paprikapulver**, **Kreuzkümmel** und **Fenchelsamen** hineingeben. 2–3 Min. unter Rühren anbraten.
3. **Räuchertofu** und **Pilze** zugeben. 3–5 Min. braten, dabei regelmäßig umrühren.
4. **Tomaten**, **Tomatenmark**, **Essig**, **Sojasoße** und **Agavendicksaft** (oder **Zucker**) hinzufügen. Gut umrühren und 5 Min. unter Rühren weiter braten.
5. **Salz** und **Wasser** einrühren. Flamme niedrig stellen und 10–15 Min. köcheln lassen, bis die Soße die gewünschte Konsistenz hat.
6. **Rosmarin**, **Oregano**, **Thymian** und **Basilikum** hinzufügen. 2–3 Min. unter Rühren weiter köcheln lassen. Flamme abstellen und vom Herd nehmen.
7. **Soße** zur gekochten **Pasta** in den Topf geben und vermengen. Auf Tellern anrichten, mit frisch gehackten **Kräutern** bestreuen und servieren.

Variationen:
Sojaschnetzel: Tofu mit 1 Tasse (50 g) Sojaschnetzel (vorher 10 Min. in 1 Tasse (240 ml) kochender Gemüsebrühe eingeweicht) ersetzen. Eingeweichte Sojaschnetzel vor dem Verwenden auspressen.
Getrocknete Kräuter: Frische Kräuter mit jeweils 1/2 TL getrockneten Kräutern oder 2 TL Kräutern der Provence ersetzen.

Pizza Pacífico
mit Artischockenherzen, Ananas & Oliven

2 bis 4 Portionen / Dauer 45 Min. +

Pizzateig:

3 Tassen (325 g) Mehl (Type 550)
1/4 TL Meersalz
1 TL Trockenhefe
1 TL Agavendicksaft oder **Zucker**
3/4 Tasse (180 ml) Wasser

1. In einer kleinen Schüssel **Hefe**, **Agavendicksaft** (oder **Zucker**) und **Wasser** verrühren. Abdecken und 5 Min. beiseite stellen.
2. In einer großen Schüssel **Mehl** und **Salz** vermischen.
3. Nach und nach Hefemix einrühren. Zu einer Kugel rollen und ca. 5 Min. gut durchkneten. Ist der Teig zu klebrig, etwas mehr Mehl, ist er zu trocken, etwas mehr Wasser unterkneten.
4. Abdecken und an einem warmen, aber nicht heißen Ort 30–60 Min. gehen lassen.

Pacífico-Belag:

12–15 (250 g) Cherrytomaten klein geschnitten
1 EL Olivenöl
1/4 TL schwarzer Pfeffer gemahlen
1 El Zitronensaft
2 TL Zucker oder **Agavensirup**
1/4 TL Meersalz
1 Tasse (140 g) marinierte Artischockenherzen klein geschnitten
1 Tasse (140 g) Ananas klein gewürfelt
1/2 Tasse (50 g) schwarze Oliven entsteint, gehackt oder in Scheiben geschnitten
1/2 grüne Paprika klein geschnitten

1. In einer mittelgroßen Pfanne 1 EL **Olivenöl** auf mittlerer Flamme erhitzen.
2. **Tomatenstückchen**, **Pfeffer**, **Zitronensaft**, **Zucker** (oder **Agavendicksaft**) und **Salz** hineingeben. Halb abgedeckt unter gelegentlichem Rühren 10 Min. schmoren. Vom Herd nehmen.
3. Ofen auf 250°C / Stufe 9 vorheizen.
4. **Teig** kurz durchkneten und auf einer bemehlten Oberfläche flachdrücken. Von der Mitte aus nach außen drücken und ziehen, bis ein 1–2 cm dicker Pizzaboden entsteht. Auf ein Backblech oder einen Pizzastein legen. 2 mittelgroße oder einen großen Pizzaboden vorbereiten.
5. **Tomatensoße** gleichmäßig darauf verteilen. Mit **Olivenscheiben** und **Artischocken-**, **Ananas-** und **Paprikastückchen** belegen.
6. 10–12 Min. backen. Aus dem Ofen nehmen. Vor dem Anschneiden und Servieren 5 Min. abkühlen lassen.

Variationen:

Grüner: Nach dem Backen mit frischem gehackten Rucola oder Spinat belegen. **Scharf**: Mit 1/2 TL gemahlenem Koriander und 1/2 TL Chilipulver oder Chiliflocken und schwarzem Pfeffer bestreuen.

Pizza de Papas
mit Kartoffeln, Tomaten & Rosmarin

2 bis 4 Portionen / Dauer 45 Min. +

Pizzateig:

3 Tassen (325 g) Mehl (Type 550)
1/4 TL Meersalz
1 TL Trockenhefe
1 TL Agavendicksaft oder **Zucker**
3/4 Tasse (180 ml) Wasser

1. In einer kleinen Schüssel **Hefe**, **Agavendicksaft** (oder **Zucker**) und **Wasser** verrühren. Abdecken und 5 Min. beiseite stellen.
2. In einer großen Schüssel **Mehl** und **Salz** vermischen.
3. Nach und nach Hefemix einrühren. Zu einer Kugel rollen und ca. 5 Min. gut durchkneten. Ist der Teig zu klebrig, etwas mehr Mehl, ist er zu trocken, etwas mehr Wasser unterkneten.
4. Abdecken und an einem warmen, aber nicht heißen Ort 30–60 Min. gehen lassen.

Belag aus Tomaten & Kartoffeln:

6–10 kleine (350 g) Eiertomaten oder **Cherrytomaten**
2–3 mittelgroße (300 g) Kartoffeln gewürfelt
1 mittelgroße rote Zwiebel gehackt
2 EL Olivenöl
1/2 TL schwarzer Pfeffer gemahlen
1/2 TL Kreuzkümmel gemahlen
1/2 TL Chipotle- oder **Paprikapulver**
1 EL frischer Rosmarin gehackt
1 EL Zitronensaft
1 TL Agavendicksaft oder **Zucker** *wenn gewünscht*
1/2 TL Meersalz

1. **Tomaten** waschen und in 1 cm dicke Scheiben schneiden.
2. In einer großen Pfanne 1 EL **Olivenöl** auf mittlerer Flamme erhitzen. **Zwiebel**, **Pfeffer**, **Kreuzkümmel** und **Chili**- oder **Paprikapulver** hineingeben. 2–3 Min. leicht anbraten. **Kartoffelwürfel** und **Rosmarin** unterrühren. Halb abgedeckt 5 Min. unter gelegentlichem Rühren braten. **Agavendicksaft** (oder **Zucker**) und **Salz** einrühren.
3. **Kartoffeln** in die Pfannenmitte schieben und Tomatenscheiben rundherum legen. Alternativ eine zweite Pfanne benutzen. Tomaten mit 1 EL **Olivenöl** beträufeln und auf beiden Seiten 2–3 Min. braten. **Kartoffeln** ab und zu umrühren. **Tomatenscheiben** mit **Zitronensaft** ablöschen. Pfanne vom Herd nehmen.
4. Ofen auf 250°C / Stufe 9 vorheizen.
5. **Teig** kurz durchkneten und auf einer bemehlten Oberfläche flachdrücken. Von der Mitte aus nach außen drücken und ziehen, bis ein 1–2 cm dicker Pizzaboden entsteht. Auf ein Backblech oder einen Pizzastein legen. 2 mittelgroße oder einen großen Pizzaboden vorbereiten.
6. Mit gegrillten **Tomaten** und **Kartoffelstückchen** belegen.
7. 10–12 Min. backen. Aus dem Ofen nehmen. Vor dem Anschneiden und Servieren 5 Min. abkühlen lassen.

Portobello-Burger
mit selbstgemachten Burgerbrötchen

4 Portionen / Dauer 30 Min. +

4 Portobello-Pilze (Riesenchampignons)
oder **10–12 große (250 g) Champignons** oder **Austernpilze** in dicke Scheiben geschnitten
1 EL Tomatenmark
1 EL Sojasoße
1 EL Zitronensaft oder **2 TL Balsamico-Essig**
1/2 TL Paprikapulver
1/4 TL Meersalz
2–3 EL Olivenöl
1/2 TL schwarzer Pfeffer gemahlen
1 TL frischer Rosmarin gehackt
1 TL frischer Thymian gehackt
4 große Blätter frischer Spinat oder **Kopfsalat**
1 Avocado in Scheiben geschnitten
2 mittelgroße Tomaten in Scheiben geschnitten
Alfalfa- oder **andere Sprossen**

1. **Pilze** waschen und trocken tupfen. Große **Riesenchampignons** ganz lassen oder in 2 cm dicke Scheiben schneiden.
2. In einer großen Pfanne **Öl** auf mittlerer Flamme erhitzen.
3. In einer kleinen Schüssel **Tomatenmark**, **Sojasoße**, **Zitronensaft** (oder **Essig**), **Paprikapulver** und **Salz** vermischen.
4. **Pilze** in die Pfanne geben und halb abgedeckt 2–3 Min. pro Seite braten. Nach dem Wenden **Tomatenmark-Soja-Mix** auf die Pilze träufeln. Mit frischem **Rosmarin** und **Thymian** bestreuen.
5. 2–3 Min. weiterschmoren und häufig wenden, bis die Flüssigkeit aufgesogen ist und die Pilze gar sind.
6. Brötchenhälften mit **Pilzen**, **Avocado**- und **Tomatenscheiben**, **Spinat** oder **Kopfsalat** und **Sprossen** belegen.
7. Mit Lieblingswürzsoßen (z.B. Senf, Barbecue-Soße o.ä.) abrunden und servieren.

Selbstgemachte Burger-Brötchen:

2 1/2 Tassen (300 g) Mehl (Type 550)
1 TL Trockenhefe
1/2 TL Meersalz
2/3 Tasse (160 ml) warmes Wasser

1. In einer kleinen Schüssel **Wasser** und **Hefe** verquirlen. Abdecken und 5 Min. beiseite stellen.
2. In einer großen Schüssel **Mehl** und **Salz** vermischen.
3. Nach und nach das **Hefewasser** einrühren. Eine Teigkugel formen und ca. 5 Min. glatt und geschmeidig kneten. Abdecken und an einem warmen, aber nicht heißen Ort 30–60 Min. gehen lassen.
4. Ofen auf 190° C / Stufe 5 vorheizen.
5. **Teig** in 4 gleichgroße Kugeln teilen. Einige Male durchkneten und flach auf ein mit Backpapier ausgelegtes Backblech drücken.
6. 9–12 Min. backen, bis die Burgerbrötchen goldbraun sind. Aus dem Ofen nehmen. Mit einem feuchten Geschirrtuch abdecken und vor dem Anschneiden 5–10 Min. abkühlen lassen.

Sautierte Kochbananen & Spinat
mit Tomaten-Erdnuss-Soße

2 Portionen / Dauer 30 Min.

1 große Kochbanane
oder **2 feste Bananen** (noch etwas grün)
2 mittelgroße (150 g) Tomaten gewürfelt
4 Tassen (125 g) frischer Spinat gehackt
1 EL Erdnussbutter
1 EL Tomatenmark
1 EL Sojasoße
1 EL Zitronensaft
1 TL Agavendicksaft oder **Zucker**
2 EL Kokosfett oder **Pflanzenöl**
1 Knoblauchzehe fein gehackt
1 cm Ingwer fein gehackt
1/2 TL Koriander gemahlen
1/2 TL Paprikapulver
frische Basilikumblätter zum Garnieren

1. **Banane** schälen und in 1 cm dicke Scheiben schneiden.
2. In einer kleinen Schüssel **Erdnussbutter**, **Tomatenmark**, **Sojasoße**, **Zitronensaft**, **Agavendicksaft** (oder **Zucker**) mit einer Gabel verquirlen, bis eine sämige Mischung entsteht.
3. In einer großen Pfanne **Öl** auf mittlerer Flamme erhitzen. **Knoblauch**, **Ingwer**, gemahlenen **Koriander** und **Paprikapulver** hineingeben und 2 Min. unter Rühren anbraten.
4. **Bananenscheiben** zugeben und pro Seite 2–3 Min. braten.
5. **Tomatenstückchen** hinzufügen und zum Köcheln bringen. 5 Min. abgedeckt schmoren, dabei ab und zu umrühren.
6. **Erdnussbutter-Tomate-Sojasoße-Mix** einrühren. Erneut zum Köcheln bringen, dann auf mittlere Flamme stellen. Weitere 5 Min. abgedeckt schmoren. Regelmäßig umrühren.
7. Gehackten **Spinat** zugeben. Halb abgedeckt unter gelegentlichem Rühren 3–5 Min. braten, bis der Spinat schrumpft. Umrühren und Flamme abstellen. Pfanne abdecken.
8. Mit frischen **Kräutern** garnieren und mit Reis oder Tortillas servieren.

Variationen:
Ohne Bananen: Mit Süßkartoffeln, Kartoffeln oder Pilzen ersetzen.

Milanesa de Frijoles
Bohnenschnitzel

3 bis 4 Portionen / Dauer 30 Min. +

1 1/2 Tassen (240 g) gekochte weiße Bohnen
1/2 Tasse (120 ml) Sojamilch
1 EL Zitronensaft
4 EL Seitan-Fix oder **Kicherbsen-** oder **Weizenmehl**
2 EL Speisestärke
1 TL Kreuzkümmel gemahlen
1/2 TL Paprikapulver
2 TL frischer Thymian gehackt
oder **1 TL Kräuter der Provence**
1/2 TL Meersalz
2 EL Pflanzenöl
1/2 Tasse (35 g) Semmelbrösel
1 Tasse (35 g) Cornflakes

Limettenspalten

1. **Bohnen** aus der Dose abgießen und vor dem Verwenden mit Wasser spülen. Bohnen in eine große Schüssel geben und mit einem Kartoffelstampfer oder einer Gabel zerdrücken.
2. **Seitan-Fix** (oder **Mehl**), **Speisestärke**, **Kreuzkümmel**, **Paprikapulver**, **Thymian** und **Salz** unterrühren.
3. Mit einer Gabel 1/4 Tasse (60 ml) **Sojamilch** und **Zitronensaft** einrühren. Abdecken, 20 Min. ruhen lasen.
4. **Cornflakes** zerbröseln und in eine Schüssel geben. **Semmelbrösel** zugeben und gut vermischen.
5. 1/4 Tasse (60 ml) **Sojamilch** in eine zweite Schüssel geben.
6. In einer großen Pfanne **Öl** auf mittlerer Flamme erhitzen.
7. Mit den Händen 3 bis 4 gleichgroße Kugeln aus dem Bohnenteig formen. Vorsichtig zu ca. 2 cm großen Schnitzel formen.
8. Beide Seiten des **Bohnenschnitzels** kurz in die Sojamilch tunken und dann fest in den **Cornflakes-Semmelbrösel-Mix** drücken. In die heiße Pfanne geben. Schnell die anderen Schnitzel panieren und ebenfalls in die Pfanne geben.
9. Jede Schnitzelseite 5–6 Min. goldbraun braten. Beim Braten abdecken, damit die Hitze nicht entweicht und die Schnitzel gleichmäßig bräunen. Ab und zu schauen, dass nichts anbrennt.
10. Vom Herd nehmen. Bis zum Servieren abgedeckt stehen lassen.
11. Mit **Limettenspalten** und einer Soße deiner Wahl kredenzen.

Variationen:
Scharf: 1 gehackte Chipotle- oder Chilischote und 2 zerdrückte Knoblauchzehen unter die Bohnenmasse mengen. **Ohne Soja**: Sojamilch mit Nuss- oder Hafermilch ersetzen.
Andere Bohnen: Statt weißer Bohnen Kichererbsen, schwarze oder andere Bohnen verwenden.

Chimichurri-Tofu
in Knoblauch-Kräuter-Soße gebackener Tofu

3 bis 4 Portionen / Dauer 45 Min. +

400 g fester Tofu
1 Knoblauchzehe gehackt
1 Schalotte gehackt
1 kleiner Bund frische Petersilie gehackt
3 EL Olivenöl
2 EL Weißweinessig
1 EL frischer Oregano gehackt
3/4 TL Paprikapulver gemahlen
1/2 Chilischote entsamt, gehackt
1 EL Limettensaft
1 EL Agavendicksaft
1/3 TL Meersalz

1. **Alle Zutaten** außer dem Tofu in einem Mixer oder einer Küchenmaschine glatt pürieren.
2. Ofen auf 230°C / Stufe 8 vorheizen.
3. **Tofu** in 1 cm dicke Scheiben schneiden und diese von allen Seiten dick mit der **Chimichurri-Soße** bestreichen.
4. 30–45 Min. backen. Die Scheiben dabei alle 10–15 Min. wenden und erneut mit der Soße bestreichen.
5. Aus dem Ofen nehmen, mit gehackter **Petersilie** bestreuen und servieren.

Variationen:

Rot: Vor dem Pürieren der Soße 1/4 Tasse (15 g) gehackte sonnengetrocknete Tomaten und 1–2 EL Wasser hinzufügen. **Pesto-Note**: Vor dem Pürieren eine Handvoll frischer Basilikumblätter, 2–3 EL leicht geröstete Cashew- oder Sonnenblumenkerne und 1–2 EL Wasser zu den Zutaten im Mixer geben.

Mole-Tofu
gebackener Tofu mit Easy-Mole-Soße

3 bis 4 Portionen / Dauer 45 Min. +

400 g fester Tofu
1 EL Öl
1 Schalotte oder **kleine Zwiebel** gehackt
1 Knoblauchzehe fein gehackt
1 cm Ingwer fein gehackt
1/4 Tasse (30 g) Cashewkerne
2 EL (15 g) Sonnenblumenkerne
1/2 TL Kreuzkümmel gemahlen
1/2 TL Koriander gemahlen
1/2 TL Paprikapulver
1/4 TL Zimt gemahlen
1/4 TL schwarzer Pfeffer
1 EL Erdnussbutter
1 EL Tomatenmark
1 EL Sojasoße
2 EL Kakaopulver
1 TL Zucker
1/4 TL Meersalz
2/3–1 Tasse (150–250 ml) Wasser
Frische Petersilie oder **Koriander** gehackt, zum Garnieren

1. In einer Pfanne **Öl** auf mittlerer Flamme erhitzen. **Schalotte**, **Knoblauch**, **Ingwer**, **Kreuzkümmel**, **Koriander**, **Paprikapulver**, **Zimt** und **Pfeffer** hineingeben. 3 Min. unter Rühren anbraten.
2. **Cashew**- und **Sonnenblumenkerne** einrühren. Unter Rühren 3–5 Min. rösten, bis die Kerne goldbraun sind.
3. Vom Herd nehmen. 2/3 Tasse (150 ml) **Wasser** einrühren, abdecken und 5 Min. ziehen lassen.
4. **Gewürzmix** aus der Pfanne in einen Mixer geben. **Erdnussbutter**, **Tomatenmark**, **Sojasoße**, **Kakaopulver**, **Zucker** und **Salz** hinzufügen und 60–90 Sekunden glatt pürieren. Bei Bedarf nach und nach etwas **Wasser** zugießen. Ab und zu pausieren und die Soße mit einem Teigschaber von den Mixerinnenwänden nach unten kratzen.
5. Ofen auf 230°/ Stufe 8 vorheizen.
6. **Tofu** in 1 cm dicke Scheiben schneiden.
7. In eine Back- oder Auflaufform legen und großzügig mit **Mole-Soße** übergießen. Restliche **Soße** in eine Schüssel geben, abdecken und im Kühlschrank kaltstellen.
8. 35–45 Min. backen. Nach 15 Min. Backzeit **Tofuscheiben** wenden und auf Wunsch mehr **Mole-Soße** darüber geben.
9. Gebackenen Tofu mit frischen gehackten **Kräutern** garnieren und servieren.

Variationen:
Roter Blickfang: Mole-Tofu vor dem Backen mit 1 gehackten roten Paprika und 4–6 ganzen Cherrytomaten krönen und etwas Olivenöl darüber träufeln. **Knoblauch**: Vor dem Backen 4–6 ganze oder grob gehackte Knoblauchzehen auf den Mole-Tofu geben.

DESSERTS + DRINKS

Zitrone-Karamell-Kokos-Flan
dekadenter Dessert-Traum

4 bis 6 Portionen / Dauer 30 Min. +

1/2 Tasse (95 g) Zucker
1 EL Zitronensaft
2 EL Wasser

1/2 Tasse (120 ml) Kokosmilch
1 Tasse (240 ml) Soja- oder **Mandelmilch**
1/4 Tasse (45 g) Zucker
1/4 Tasse (60 ml) Wasser
1 EL Speisestärke
1 TL Agar-Agar-Pulver oder **2 TL Agar-Agar-Flocken**
1/2 TL Vanillezucker

1. **Zucker**, **Zitronensaft** und 2 EL **Wasser** in einem kleinen Topf verquirlen. Zum Köcheln bringen und Flamme niedrig stellen.
2. 10–20 Min. kochen, bis ein goldbrauner Karamellsirup entsteht. Rühren ist nicht nötig. Sirup nicht zu lange oder zu heiß kochen, da er sonst anbrennt.
3. 4 bis 6 kleine Schüsseln bereitstellen. **Sirup** noch heiß in je gleicher Menge in die Schüsseln gießen. Schüsseln etwas drehen und ankippen, damit nicht nur der Boden, sondern auch die Ränder damit überzogen werden. Abkühlen lassen.
4. **Kokos**- und **Soja**- oder **Mandelmilch** in einem mittelgroßen Topf auf mittlerer Flamme erhitzen und zum Köcheln bringen.
5. **Zucker** einrühren.
6. In einer Schüssel **Speisestärke** und **Agar-Agar** mit einem Schneebesen in 1/4 Tasse (60 ml) **Wasser** verquirlen. In köchelnden Kokosmilchmix einrühren. Erneut zum Köcheln bringen, dann Flamme niedrig stellen. Weitere 5 Min. unter ständigem Rühren köcheln lassen.
7. **Vanillezucker** unterrühren. Unter ständigem Rühren 3–5 Min. weiter köcheln und eindicken lassen. Vom Herd nehmen.
8. **Milchmix** zu gleichen Teilen in die Schüsseln mit dem Sirup gießen. 15 Min. abkühlen lassen, danach mindestens 6 Stunden oder über Nacht im Kühlschrank kaltstellen.
9. Vor dem Servieren die kalten Schüsseln aus dem Kühlschrank nehmen und mit einem Messer den Flanrand lockern. Schüsselinhalt vorsichtig auf einen Teller stürzen. Schüsseln anheben und nachschauen, ob der gesamte Flan herausgekommen ist. Falls nicht, vorsichtig mit einem Messer nachhelfen. Sirupflüssigkeit auf den Flan tröpfeln lassen.
10. Mit frischen Beeren, Orangen- oder Zitronenabrieb oder etwas Zimt garnieren.

Matcha Meltdown
Bananen-Sorbet mit grünem Tee

2 bis 4 Portionen / Dauer 10 Min. +

4 reife Bananen
2–4 EL Mandel- oder **Sojamilch**
1–2 TL Koch-Matcha (AIYA Fuku)
Minzblätter zum Garnieren
2 Erdbeeren in Scheibchen geschnitten

1. **Bananen** schälen und vierteln. In einem verschlossenen Behälter oder Gefrierbeutel mindestens 8 Stunden einfrieren.
2. Gefrorene **Bananen** und 2 EL **Mandel**- oder **Sojamilch** in einem Hochleistungsmixer pürieren. Den Stopfer verwenden und bei Bedarf nach und nach etwas mehr **Pflanzenmilch** zugießen, damit ein cremiges Sorbet entsteht. Ab und zu pausieren, um das Sorbet von den Mixerinnenwänden nach unten zu schaben. Mixer nicht zu lange und nicht auf höchster Stufe laufen lassen, damit das Sorbet nicht schmilzt.
3. Die Hälfte des **Sorbets** in eine gekühlte, große Schüssel geben.
4. **Matcha-Pulver** in den Mixer zum restlichen Sorbet geben und pürieren, bis das Sorbet gleichmäßig grün ist.
5. Gelbes und grünes **Bananensorbet** in Schichten in Gläser oder Schüsseln füllen.
6. Mit **Minzblättern** und **Erdbeerscheiben** garnieren und sofort servieren.

Variationen:
Beeren: Sorbet dritteln und weitere Farbschichten mithilfe gefrorener Blaubeeren, Himbeeren oder Erdbeeren hinzufügen. **Maca-Matcha**: Vor dem zweiten Pürieren 1 EL Maca-Pulver in den Mixer geben.

Schoko-Bananen-Sorbet
mit knusprigen Kakao-Nibs

2 bis 4 Portionen / Dauer 10 Min. +

3 reife Bananen
2–4 EL Mandel- oder **Sojamilch**
1 EL Kakao- oder **Carobpulver**
1 EL Kakao-Nibs oder **vegane Schokotropfen**
2 TL Agavendicksaft oder **Zucker** *wenn gewünscht*
Goji- oder **andere Beeren** zum Garnieren

1. **Bananen** schälen und vierteln. In einem verschlossenen Plastikbehälter oder einem Gefrierbeutel mindestens 8 Stunden einfrieren.
2. Gefrorene **Bananen** und 2 EL **Mandel**- oder **Sojamilch** in einem Hochleistungsmixer pürieren. Für ein cremiges Sorbet den Stopfer benutzen und bei Bedarf mehr Pflanzenmilch zugeben. Ab und an pausieren und die Mixerinnenwände sauber kratzen. Den Mixer nicht zu lange und nicht auf der höchsten Stufe laufen lassen, damit das Sorbet nicht schmilzt.
3. **Kakao**- oder **Carobpulver**, wenn gewünscht **Agavendicksaft** (oder **Zucker)** und den Großteil der **Kakao-Nibs** zugeben und nochmals einige wenige Sekunden pürieren. Auf niedriger Stufe nochmals kurz mixen.
4. Mit **Beeren** und **Kakao-Nibs** garnieren, schnell servieren und sofort verputzen.

Variationen:
Fruchtig: Mit frischen Bananen- oder Erdbeerscheiben oder Kirschen garnieren.
Nussig: Mit leicht gerösteten Mandeln, Cashewkernen, Hasel- oder Erdnussstückchen bestreuen.
Energie-Kick: Vor dem Pürieren 1 EL Maca-Pulver hinzufügen.

Choco-Chili-Beeren-Torte
mit Dattel-Nuss-Boden

6 bis 8 Portionen / Dauer 20 Min. +

10–12 (ca. 180 g) Erdbeeren klein geschnitten
1 mittelgroße Avocado
2 EL Kakaopulver oder **Kakao-Nibs**
1/4 Tasse (50 g) Agavendicksaft
1/4 TL Chilipulver
1 EL Chiasamen + 1/4 Tasse (60ml) Wasser *wenn gewünscht*

4 Datteln entsteint und klein geschnitten
1/3 Tasse (45 g) Sonnenblumenkerne
1/3 Tasse (45 g) Walnussstückchen
1 EL Kokos- oder **Pflanzenöl**
1/4 TL Salz

Erdbeerscheibchen zum Garnieren

1. Falls verwendet, **Chiasamen** 30 Min. in **Wasser** einweichen.
2. Für die Choco-Chili-Cremefüllung **Erdbeeren**, **Avocado**, **Kakao**, **Agavendicksaft**, **Chilipulver** und eingeweichte **Chiasamen** im Mixer glatt pürieren.
3. **Datteln**, **Sonnenblumenkerne**, **Walnüsse**, **Öl** und **Salz** in einer Küchenmaschine grob zu einer klebrigen Masse häckseln.
4. Für den Boden eine Spring- oder andere Backform leicht einfetten. **Dattel-Nuss-Masse** gleichmäßig hineinpressen.
5. **Cremefüllung** auf den **Boden** geben und glattstreichen.
6. Eine Lage Backpapier über die Springform legen und mit einem großen Gummi fixieren. 6–8 Stunden einfrieren. Danach in den Kühlschrank stellen.
7. Mit frischen **Erdbeerscheibchen** garnieren und sofort servieren.

Dulce de Calabaza
Kürbisdessert

3 bis 4 Portionen / Dauer 20 Min.

1 Kürbis (400 g) oder **Zucchini**
1 EL Margarine oder **Kokosfett**
1/4 TL Zimt gemahlen
1 TL frischer Rosmarin gehackt
2 EL Wasser
2 TL Agavendicksaft oder **Zucker**
1 Prise Meersalz

1. **Kürbis** waschen und längs halbieren. Hälften in 1 cm dicke Halbmonde schneiden.
2. In einem mittelgroßen Topf **Margarine** (oder **Kokosfett**) auf mittlerer Flamme zerlassen.
3. **Kürbisscheiben** hineingeben. 3–5 Min. braten, bis sie weich und goldbraun werden.
4. **Zimt**, **Rosmarin**, **Wasser**, **Agavendicksaft** (oder **Zucker**) und Salz hinzufügen. Einige Male umrühren. Zum Köcheln bringen, abdecken und Flamme niedrig stellen.
5. Halb abgedeckt 5–8 Min. köcheln, bis der Kürbis weich ist. Ein- oder zweimal umrühren.
6. Warm servieren.

Variationen:

Cremig: Statt Wasser 1/3 Tasse (80 ml) Kokos-, Hafer-, Nuss- oder Sojamilch verwenden.
Nussig: 1/4 Tasse (30 g) geröstete oder kandierte Kürbiskerne, Pecan- oder Walnüsse darüber streuen.

Empanadas de Manzana y Piña
süße Apfel-Ananas-Taschen

8 bis 10 Stück / Dauer 45 Min. +

Teig:

3 Tassen (375 g) Mehl
1 TL Meersalz
1 EL Zucker
1/4 TL Backpulver
8 EL (110 g) Margarine
3/4 Tasse (180 ml) kaltes Wasser
2 EL Soja- oder **Reismilch** *wenn gewünscht*

1. **Mehl**, **Salz**, **Zucker** und **Backpulver** in einer großen Schüssel vermischen.
2. **Margarine** in kleinen Stückchen in die Schüssel geben und mit den Händen unter die **Mehlmischung** kneten.
3. Weiterkneten und dabei nach und nach kaltes **Wasser** zugießen, bis der Teig glatt und elastisch ist. Bei Bedarf etwas mehr Mehl oder Wasser einkneten.
4. In 8–10 gleichgroße Teigkugeln formen und in die Schüssel legen. Abdecken und 20 Min. ruhen lassen.

Apfel-Ananas-Füllung:

2 mittelgroße Äpfel geschält, klein gewürfelt
1 Tasse (140 g) Ananas klein gewürfelt
1/2 TL Zimt gemahlen
1 EL Zucker

1. In einer großen Schüssel **Apfel**- und **Ananasstückchen** mit **Zucker** und **Zimt** vermengen.
2. 2 EL **Soja**- oder **Reismilch** (oder **Wasser**) in eine Tasse geben.
3. Ofen auf 200°C / Stufe 6 vorheizen.
4. **Teigkugeln** auf einer bemehlten Oberfläche mit einem Nudelholz oder einer Flasche 1 cm dick ausrollen. Eine mittelgroße Schüssel oder Untertasse darauf legen und mit einem Messer Kreise ausschneiden. Übrigen Teig verkneten, erneut ausrollen und Kreise ausschneiden.
5. Auf jeden Teigkreis 2 EL der **Füllung** geben. Finger mit **Pflanzenmilch** (oder **Wasser**) befeuchten und damit am äußeren Teigrand entlangfahren, damit es beim Verschließen hält. Zu einem Halbmond umklappen und die Ränder mit einer Gabel oder den Fingerkuppen fest zusammendrücken.
6. Backfertige Empanadas wenn gewünscht mit **Pflanzenmilch** bepinseln. Vorsichtig auf ein mit Backpapier ausgelegtes Backblech legen. 20–25 Min. backen, bis die Empanadas knusprig und goldbraun sind.
7. Vor dem Servieren mindestens 5 Min. abkühlen lassen – die Füllung ist sehr heiß!

Variationen:

Andere Füllung: Mit Erdbeeren, Himbeeren, Blaubeeren, Birnen, Walnüssen, Haselnüssen, Bananen, Schokolade oder was immer dir noch einfällt ausprobieren.

Churros mit Zimt
süßer Fettgebäck-Klassiker

16 bis 20 Stück / Dauer 40 Min.

1 Tasse (120 g) Mehl
1 EL Speisestärke
1/2 TL Backpulver
1 Prise Meersalz
1 Tasse (240 ml) Wasser
2 EL Margarine oder **Kokosfett**
2 EL Zucker
Pflanzenöl zum Frittieren

3 EL Zucker
1/2 TL Zimt gemahlen

1. In einer großen Schüssel **Mehl**, **Speisestärke**, **Backpulver** und **Salz** vermischen.
2. In einem großen Topf **Wasser**, **Margarine** (oder **Kokosfett**), **Zucker** und **Zimt** auf mittlerer Flamme zum Köcheln bringen.
3. Mit einem Holzlöffel nach und nach die vermischten **trockenen Zutaten** einrühren. So lange weiterrühren, bis ein dicker Teigball entsteht. Vom Herd nehmen und 10–15 Min. abkühlen lassen.
4. **Öl** mindestens 3 cm hoch in einem Topf oder einer tiefen Pfanne erhitzen.
5. **Teig** in einen Spritzbeutel geben. Größte Sterntülle verwenden und 12 cm lange Teigstreifen auf die Küchenarbeitsplatte oder ein großes Holzbrett pressen.
6. Vorsichtig einige **Streifen** ins heiße Öl geben und 4–5 Min. unter regelmäßigem Wenden gleichmäßig goldbraun frittieren. Nicht zu viele Streifen auf einmal ins Öl geben. Sie frittieren sonst langsamer und saugen sich mit Öl voll.
7. Fertig frittierte **Churros** mit einem Schaumlöffel herausheben und abtropfen lassen. Auf einem mit Küchenpapier ausgelegtem Teller abkühlen lassen. Alle restlichen Churros frittieren.
8. **Zucker** und **Zimt** auf einen Teller streuen. **Churros** darin wenden, bis sie damit überzogen sind.

Variationen:
Churros werden traditionell mit einer Schokoladensoße zum Dippen serviert. (Rezept auf S. 103)

Crêpes mit Bananen-Mandel-Zitronenfüllung
mit Schokoladensoße

4 Portionen / Dauer 30 Min. +

1 Tasse (125 g) Mehl
2 EL Speisestärke oder **Sojamehl**
3 EL Zucker
1 TL Backpulver
1/4 TL Zimt gemahlen
1 Tasse (240 ml) Reis- oder **Sojamilch**
1/2 Tasse (120 ml) Wasser bei Bedarf etwas mehr
1 EL Pflanzenöl oder **Kokosfett**

Bananen-Mandel-Zitronenfüllung:

1/2 Tasse (60 g) Mandeln
1 kleine Banane geviertelt
2 EL Zitronensaft

Schokoladensoße:

1/4 Tasse (60 ml) Reis- oder **Sojamilch**
1 EL Kakaobutter *wenn gewünscht*
3 EL Kakaopulver
2 EL Zucker
2 EL Wasser
1 TL Speisestärke

1. **Mandeln** über Nacht in Wasser einweichen. Abgießen und Wasser wegschütten. Eingeweichte **Mandeln**, **Banane** und **Zitronensaft** in einem Hochleistungsmixer, einer kleinen Küchenmaschine oder mit einem Pürierstab glatt pürieren.
2. In einer großen Schüssel **Mehl**, **Speisestärke** (oder **Sojamehl**), **Zucker** und **Backpulver** vermischen.
3. **Reis**- oder **Sojamilch** und **Wasser** in einer mittelgroßen Schüssel verquirlen. Nach und nach die **trockenen Zutaten** unterrühren. Gut verrühren, bis ein glatter, flüssiger Teig entsteht. Bei Bedarf etwas mehr **Wasser** unterrühren. Abdecken und 30–60 Min. ruhen lassen.
4. **Reis**- oder **Sojamilch** in einem kleinen Topf auf mittlerer Flamme zum Köcheln bringen. Wenn verwendet **Kakaobutter** hineingeben und unter Rühren schmelzen lassen. **Kakaopulver** und **Zucker** einrühren. Unter ständigem Rühren 5 Min. köcheln lassen.
5. **Speisestärke** in einer Tasse mit **Wasser** verquirlen. In die köchelnde Soße einrühren. Erneut zum Köcheln bringen und dann Flamme niedrig stellen. 3–5 Min. unter ständigem Rühren eindicken lassen. Vom Herd nehmen. Abkühlen und weiter eindicken lassen. Währenddessen die Crêpes zubereiten.
6. Eine am besten gusseiserne Pfanne auf mittlerer bis hoher Flamme erhitzen. Einige Tropfen Öl in die Pfanne geben und mit etwas Küchenpapier verreiben, oder Backspray verwenden. Die Pfanne vor jedem Crêpe neu einfetten. Wenn ein Tropfen Wasser zischend auf der Oberfläche herumhüpft, hat die Pfanne die richtige Temperatur.
7. Genug **Teig** für einen Crêpe in die heiße Pfanne gießen. 3–4 Min. backen, bis auf der Crêpe-Oberfläche kleine Bläschen entstehen und die Unterseite goldbraun ist. Vorsichtig an den Rändern anheben und testen, dann mit einem Pfannenwender wenden. Weitere 1–2 Min. backen. Auf einen Teller legen und restliche Crêpes backen.
8. Je 2–3 EL der **Bananen-Mandel-Zitronenfüllung** auf jeden Crêpe geben. Aufrollen und auf Tellern anrichten. **Schokoladensoße** darüber geben und servieren.

Süßer Kokosreis
mit Mangosirup

3 bis 4 Portionen / Dauer 40 Min.

1 Tasse (210 g) Rundkornreis
1 1/4 Tassen (300 ml) Wasser
1 Tasse (240 ml) Kokosmilch
3 EL Zucker
3 ganze Kardamomkapseln
1/2 TL Zimt gemahlen

1. In einem mittelgroßen Topf **Wasser** und **Kokosmilch** zum Köcheln bringen.
2. **Reis**, **Zucker**, **Kardamom** und **Zimt** hineingeben. Einige Male umrühren.
3. Wieder zum Köcheln bringen, abdecken und Flamme niedrig stellen. 15–20 Min. köcheln lassen, bis der Reis gar ist. Flamme abstellen. Reis einige Male mit einer Gabel auflockern. Abdecken und 10 Min. ziehen lassen.
4. Vorsichtig die Kardamomkapseln herausnehmen. Reis bis zum Servieren abgedeckt stehen lassen.

Mangosirup:

1/2 Tasse (90 g) Mango gewürfelt
1/3 Tasse (100 ml) Wasser
1/2 TL Agar-Agar *wenn gewünscht*
3–4 EL Zucker

1. In einem Mixer oder einer Küchenmaschine **Mangowürfel**, **Wasser** und **Agar-Agar** (wenn verwendet) glatt pürieren.
2. **Püree** in einen kleinen Topf geben. Zum Köcheln bringen und Zucker einrühren.
3. Flamme niedrig stellen. Ohne Deckel 10–15 Min. dick einköcheln lassen, dabei ab und zu umrühren.
4. Flamme abstellen und Sirup ca. 10 Min. abkühlen und eindicken lassen.
5. **Kokosreis** in Schüsseln oder auf kleinen Tellern anrichten.
6. **Mangosirup** darüber gießen und mit **Zimt** besprenkeln.

Variationen:

Brauner Reis: Wassermenge auf 1 1/2 Tassen (350 ml) erhöhen und 40–50 Min. garen, bis der Reis richtig weich ist. **Chai-Note**: 1/4 TL gemahlenes Muskat und 4 Nelken ins Reiswasser geben. Nelken zusammen mit den Kardamomkapseln entfernen, wenn der Reis gar ist.

Pink Tropic
Erdbeer-Bananen-Ananas-Smoothie

2 Portionen / Dauer 10 Min. +

1 EL Chiasamen *wenn gewünscht*
1 Tasse (240 ml) Wasser
2/3 Tasse (80 g) Erdbeeren frisch oder gefroren
1 Tasse (150 g) Ananas gehackt
1 gefrorene Banane geviertelt
4 Eiswürfel

1. Wenn verwendet, **Chiasamen** mindestens 1 Stunde, am besten aber über Nacht in kaltem Wasser einweichen und in den Kühlschrank stellen.
2. **Alle Zutaten** im Mixer 30–45 Sek. glatt pürieren.

Variationen:

Nusslust: Eine Handvoll Cashewkerne, Walnüsse oder Mandeln zusammen mit den Chiasamen einweichen. **Frischekick**: Frische gehackte Minze, Petersilie oder Basilikumblätter zugeben.

A-B-C Smoothie
Apfel, Banane & Chiasamen

2 Portionen / Dauer 10 Min. +

2 Äpfel in Spalten geschnitten
2 Bananen geviertelt
2 EL Chiasamen
2 Tassen (480 ml) kaltes Wasser oder **Mandelmilch**

1. **Chiasamen** in einer kleinen Schüssel mit 2 Tassen kaltem **Wasser** (oder **Mandelmilch**) mindestens 1 Stunde oder über Nacht im Kühlschrank einweichen.
2. **Alle Zutaten** 30–45 Sekunden in einem Hochleistungsmixer glatt pürieren.

Variationen:

Nusskuss: Eine Handvoll Cashewkerne, Walnüsse oder Mandeln zusammen mit den Chiasamen einweichen. Vor dem Pürieren 1–2 EL Agavendicksaft zugeben. **Grün**: Eine Handvoll frischen, gehackten Spinat oder Grünkohl und 2 Datteln (entsteint) oder 1 EL Weizengraspulver in den Mixer werfen.

Melone-Beeren-Traum
Erdbeer-Wassermelone-Saft

2 Portionen / Dauer 10 Min. +

10 Erdbeeren
2 Tassen (250 g) frische Wassermelone in mittelgroße Stücke geschnitten
2 EL Chiasamen
2 Tassen (480 ml) kaltes Wasser
4 Eiswürfel

1. **Chiasamen** in einer kleinen Schüssel mit 2 Tassen kaltem **Wasser** mindestens 1 Stunde oder über Nacht im Kühlschrank einweichen.
2. **Alle Zutaten** 30–45 Sekunden in einem Hochleistungsmixer glatt pürieren.

Variationen:
Himbeeren: Erdbeeren mit 1 Tasse frischen oder gefrorenen Himbeeren ersetzen.
Cremig: Mit 1 Tasse (240 ml) Mandel- oder Sojamilch und 1 Tasse (240 ml) Wasser pürieren.

Grüne Welle
Ananas-Limette-Petersilie-Saft

2 Portionen / Dauer 10 Min.

2 Orangen geschält
2 Tassen (240 g) frische Ananas gehackt
1 Limette geschält
1 kleiner Bund frische Petersilie gehackt
2 Tassen (480 ml) Wasser

1. **Orangen**, **Ananas**, **Limette** und **Petersilie** in einen Mixer geben.
2. Einige Male kurz häckseln und dann 1–2 Min. glatt pürieren. Dabei nach und nach **Wasser** zugießen.
3. Mit **Ananasscheiben** und frischer **Petersilie** garnieren und servieren.

Variationen:
Anderes Grünzeug: Petersilie mit einer Handvoll frischem Spinat oder Grünkohl ersetzen.
Bananig: 1 geviertelte gefrorene Banane zugeben.

Bananen-Basilikum-Moringa Smoothie
mit Mandeln

2 Portionen / Dauer 10 Min. +

3–4 EL (25–30 g) Mandeln
1 große Banane geviertelt
3 Datteln entsteint
kleiner Bund frisches Basilikum
1/4 Limette ohne Samen und Schale
1 EL Moringapulver
2–4 Eiswürfel *wenn gewünscht*
2 Tassen (480 ml) Wasser

1. **Mandeln** in einer kleinen Schüssel mit 2 Tassen **Wasser** 6–8 Stunden oder über Nacht einweichen. Abgießen und Wasser wegschütten.
2. **Alle Zutaten** 30–45 Sekunden in einem Hochleistungsmixer glatt pürieren.

Variationen:

Ohne Moringa: Weizengraspulver oder Spirulina verwenden. **Ohne Basilikum**: Mit Petersilie oder Spinat ersetzen. **Mehr Power**: 1/2 TL Matcha- und/oder Maca-Pulver hinzufügen.

Frozen Margarita
Strandcocktail-Klassiker

3 bis 4 Portionen / Dauer 15 Min.

2 Orangen
1/2 Zitrone
1/2 Limette
2 EL Agavendicksaft
1 Tasse (240 ml) Mineralwasser (mit Kohlensäure)
8–12 Eiswürfel
150 ml Tequila *wenn gewünscht*

Frische Minzblätter zum Garnieren
Limettenscheiben zum Garnieren
1 EL Zucker zum Garnieren

1. Mit einer Zitronenpresse die **Orangen**, **Zitrone** und **Limette** auspressen.
2. **Zitrussaft**, **Agavendicksaft**, **Mineralwasser**, **Tequila** und **Eiswürfel** in einen Mixer geben. Mehrere Male kurz häckseln und dann 30–45 Sek. glatt pürieren.
3. **Zucker** auf einen kleinen Teller streuen. Jede **Limettenscheibe** bis zur Mitte einschneiden und damit jeden Glasrand umfahren, um ihn anzufeuchten. Glasränder in den Zucker auf dem Teller drücken. Überschüssigen Zucker herunterschütteln.
4. Frozen Margarita vorsichtig in die Gläser füllen.
5. Mit den **Limettenscheiben** und **Minzblättern** garnieren.

Variationen:
Samtig-weich: 1 Orange mit 1 frischen, reifen, klein geschnittenen Pfirsich ersetzen.
Tropisch: 1 Orange mit 1 Tasse frischer, klein geschnittener Ananas ersetzen. **Erdbeerig**: 4–6 Erdbeeren zugeben. **Minzig**: Einen kleinen Bund frische Minzblätter mit in den Mixer geben.

SALSAS + GRUND-REZEPTE

Guacamole
Avocado-Klassiker

ca. 2 Tassen / Dauer 10 Min.

1 große reife Avocado
1 mittelgroße Tomate klein gewürfelt
1 EL Zitronensaft
1 TL Olivenöl
1/4 TL schwarzer Pfeffer gemahlen
1/4 TL Kreuzkümmel gemahlen *wenn gewünscht*
1/4 TL Paprikapulver
1/4 TL Salz
frische Korianderblätter gehackt, zum Garnieren

1. **Avocado** halbieren, Kern herauslösen und aufbewahren.
2. Fruchtfleisch mit einem Löffel herauslösen und in eine große Schüssel geben.
3. **Restliche Zutaten** hinzufügen. Mit einer Gabel zerdrücken und gut vermengen. Je nach Belieben entweder stückig lassen oder cremig rühren.
4. Mit etwas **Paprikapulver** und **Korianderblättern** garnieren und servieren.
5. In einem verschlossenen Behälter zusammen mit dem Avocado-Kern im Kühlschrank aufbewahren – dadurch bleibt deine Guacamole frisch und wird nicht braun.

Variationen:

Schnell & erfrischend: Schwarzen Pfeffer, Paprika und Kreuzkümmel weglassen. 1/2 kleine geschälte und klein gewürfelte Gurke unterrühren. **Knoblauch & Zwiebel**: 1 fein gewürfelte Knoblauchzehe und 1/4 klein gewürfelte Zwiebel (vor dem Beimengen 10 Min. in kaltem Wasser einweichen, um Zwiebelgeschmack abzumildern und die Stückchen knackig zu halten) oder gehackte Frühlingszwiebeln untermischen. **Paprika**: 1/2 Paprika (Farbe nach Wunsch) klein würfeln und unterrühren.

Cashew Sour Cream
traumhaft cremig

ca. 2 Tassen / Dauer 10 Min. +

1 Tasse (120 g) Cashewkerne
2 EL (15 g) Pinienkerne
1 EL Zitronensaft
1 TL Apfelessig
1/2 TL Salz
2/3 Tasse (160 ml) Wasser

1. **Cashew**- und **Pinienkerne** über Nacht in Wasser einweichen. Abgießen und Wasser wegschütten.
2. **Alle Zutaten** bis auf das Wasser in einen Mixer oder eine Küchenmaschine geben.
3. Mehrere Male kurz häckseln und zwischendurch **Wasser** zugießen. Dann auf hoher Stufe ca. 45 Sek. glatt pürieren. Dabei zwischendurch kurz pausieren, um die Masse vom Inneren des Mixers oder der Küchenmaschine mit einem Teigschaber nach unten zu kratzen.
4. **Sour Cream** in eine Schüssel geben. Abdecken und mindestens 1 Stunde vor dem Servieren kaltstellen.

Variationen:
Nüsse: Pinienkerne mit (mehr) Cashewkernen, Macadamia- oder Paranüssen ersetzen.
Grüne Frische: Einen kleinen Bund frische Petersilie oder Koriander mitpürieren.

Salsa Roja
klassische rote Soße

ca. 2 Tassen / Dauer 15 Min. +

2 mittelgroße (150 g) Tomaten klein gewürfelt
1 kleine Gurke geschält, klein gewürfelt
1 kleine Zwiebel fein gehackt
1 Knoblauchzehe fein gehackt
1 kleine Jalapeño-Schote fein gehackt
2 EL Limettensaft
1/4 TL Meersalz
1 TL Olivenöl *wenn gewünscht*
1–2 EL Wasser je nach Bedarf
1 kleiner Bund Koriander gehackt

1. **Alle Zutaten** in eine Schüssel geben, gut durchmischen und mit einer Gabel zerdrücken. Alternativ alle Zutaten in Küchenmaschine geben und einige Male häckseln.
2. Abdecken und für einen intensiveren Geschmack 2 Stunden oder über Nacht im Kühlschrank ziehen lassen.

Salsa Verde
klassische grüne Soße

ca. 2 Tassen / Dauer 20 Min. +

8 kleine (100 g) Tomatillos oder **kleine grüne Tomaten** gehackt
1/2 kleine Zwiebel fein gehackt
1 Knoblauchzehe fein gehackt
1 kleine grüne Chilischote entsamt, fein gehackt
1 EL Limettensaft oder **2 TL Apfelessig**
1 TL frischer Oregano gehackt
1/2 TL Agavendicksaft (oder **Zucker**)
1/4 TL Meersalz
1/3–1/2 Tasse (80–120 ml) Wasser
1 kleiner Bund frischer Koriander gehackt

1. Eine kleine Pfanne auf mittlerer Flamme erhitzen.
2. Gehackte **Tomatillos** (oder **kleine grüne Tomaten**), **Zwiebel**, **Knoblauch** und **Chili** hineingeben. 5 Min. unter Rühren anbraten, bis die Tomaten und Zwiebeln weich sind.
3. Mit **Limettensaft** oder **Essig** ablöschen. Weitere 5 Min. unter Rühren braten. Flamme niedrig stellen.
4. **Oregano**, **Agavendicksaft** (oder **Zucker**), **Salz** und 1/3 Tasse (80 ml) **Wasser** einrühren. Erneut zum Köcheln bringen und weitere 5 Min. köcheln lassen. Vom Herd nehmen und 5–10 Min. abkühlen lassen.
5. Zusammen mit dem gehackten **Koriander** in einen Mixer geben. Glatt pürieren und bei Bedarf etwas **Wasser** hinzufügen, um die gewünschte Konsistenz zu erreichen.
6. In eine Schüssel geben. Abdecken und bis zum Servieren im Kühlschrank kaltstellen.

Salsa de Mango
süßsaure Dipsoße

ca. 2 Tassen / Dauer 15 Min. +

1 fast reife Mango
1/4 rote Zwiebel fein gehackt
1 EL Limettensaft
1/4 TL Kreuzkümmel gemahlen
1/4 TL Paprikapulver
1/4 TL Meersalz
1 kleiner Bund frischer Koriander gehackt

1. **Mango** fein hacken. Noch feste, etwas grünliche Mangos, die noch nicht ganz reif sind, eignen sich am besten für dieses Rezept
2. **Alle Zutaten** in eine Schüssel geben und gut vermengen.
3. Abdecken und vor dem Servieren mindestens 1 Stunde lang kaltstellen.

Variationen:
Nussig: 2–3 EL leicht geröstete Erdnüsse oder Cashewkerne zugeben.
Kräuter: Statt oder zusätzlich zum Koriander gehackte Basilikum- oder Minzblätter verwenden.
Ohne Zwiebel: Weglassen oder mit einer kleinen, geschälten und klein gewürfelten Gurke ersetzen.

Salsa de Mole
Spezialität aus Oaxaca

ca. 3 Tassen / Dauer 30 Min.

1/4 Tasse (30 g) Mandeln
1/4 Tasse (30 g) Kürbiskerne
1/4 Tasse (25 g) Pecannüsse
2 EL Erdnüsse
2 EL Sesamsamen
2 EL Öl
1 Knoblauchzehe gehackt
1 Schalotte oder **kleine Zwiebel** gehackt
1–2 kleine Chilischoten gehackt
oder **1/2 TL Chilipulver**
2 cm Ingwer gehackt
3 Kardamomkapseln
6 Nelken
1 TL Kreuzkümmel gemahlen
1/2 TL schwarzer Pfeffer
1/2 TL Fenchelsamen
1/4 TL Zimt
1/2 kleine Banane geviertelt
1/4 Tasse (35 g) Rosinen
2 EL Kakaopulver
1 EL Agavendicksaft oder **Zucker**
1/2 TL Meersalz
2 Tassen (480 ml) Wasser

1. Eine mittelgroße Pfanne auf mittlerer Flamme erhitzen. **Mandeln**, **Kürbiskerne**, **Pecan**- und **Erdnüsse** ca. 5 Min. unter Rühren in der heißen Pfanne rösten. **Sesamsamen** hinzufügen und weitere 2 Min. unter Rühren rösten. In eine Schüssel geben und abkühlen lassen.
2. In einer Pfanne **Öl** auf mittlerer Flamme erhitzen. **Knoblauch**, **Schalotte** oder **Zwiebel**, **Chilischoten** oder -**pulver** und **Ingwer** zugeben. Einige Male umrühren.
3. **Kardamomkapseln**, **Nelken**, **Kreuzkümmel**, **Pfeffer**, **Fenchelsamen** und **Zimt** hinzufügen. Unter Rühren ca. 3–5 Min. braten, bis **Knoblauch** und **Zwiebeln** zu bräunen beginnen. **Bananenstücke** und **Rosinen** zugeben. 3 Min. unter Rühren braten. Vom Herd nehmen und 5 Min. abkühlen lassen.
4. Geröstete **Nüsse**, **Gewürzmix**, **Kakaopulver** und **Agavendicksaft** (oder **Zucker**) in einen Mixer geben. Nach und nach **Wasser** zugießen und 60–90 Sek. glatt pürieren. Einige Male pausieren und die Soße mit einem Teigschaber von den Mixerinnenwänden nach unten kratzen. Alternativ die **Nüsse** vor dem Zugeben in den Mixer erst in einer Kaffeemühle mahlen.
5. **Mole-Soße** in eine Schüssel geben und bis zum Verwenden im Kühlschrank kaltstellen.

Variationen:
Milder: Knoblauch, Zwiebeln und/oder Chilischoten auf Wunsch einfach weglassen.

Cashew-Blumenkohl-Käse
Füllung für Enchiladas & mehr

ca. 2 Tassen / Dauer 20 Min. +

1 Tasse (100 g) Cashewkerne
2 Tassen (220 g) Blumenkohlröschen
1 EL Olivenöl
1 Knoblauchzehe fein gehackt
2–3 EL (8–12 g) Hefeflocken
1/2 TL Kurkuma gemahlen
1 TL Johannisbrotkernmehl oder **Speisestärke**
2 EL Zitronensaft
1/4 Tasse (60 ml) Sojamilch oder **Mandelmilch**
1 EL Sojajoghurt *wenn gewünscht*
1 TL Salz

1. **Cashewkerne** 6–8 Stunden oder über Nacht einweichen. Abgießen und Einweichwasser wegschütten.
2. In einer kleinen Pfanne **Olivenöl** auf mittlerer Stufe erhitzen. **Knoblauch** 2 Min. unter Rühren anbraten.
3. **Blumenkohlröschen** hineingeben und 6–8 Min. unter Rühren braten, bis sie leicht gebräunt und weich sind. 10 Min. abkühlen lassen.
4. Eingeweichte **Cashewkerne**, gebratenen **Blumenkohl**, **Hefeflocken**, **Johannisbrotkernmehl** oder **Speisestärke**, **Zitronensaft**, **Soja-** oder **Mandelmilch**, **Sojajoghurt** (wenn verwendet) und **Salz** in einem Hochleistungsmixer glatt pürieren.
5. In eine Schüssel geben, abdecken und 1–2 Stunden im Kühlschrank ziehen lassen. Als Dip, Soße oder Füllung für Paprika, Enchiladas oder Tacos verwenden.

Variationen:
Ein Hauch von Tahini: 2 EL leicht geröstete, gemahlene Sesamsamen mit in den Mixer geben. **Rauchige Würze**: 1/2 TL Paprikapulver hinzufügen. **Grüner Frischekick**: 2 TL frischen gehackten Schnittlauch und/oder Petersilie zugeben.

Maistortillas
traditioneller Maisfladen für Tacos & Enchiladas

6 bis 10 Stück / Dauer 20 Min. +

1 Tasse (145 g) Maismehl (Masa Harina) für Tortillas
1 Tasse (240 ml) warmes Wasser
1/2 TL Meersalz

1. **Mehl** und **Salz** in einer großen Schüssel vermischen.
2. Nach und nach **Wasser** zugießen und dabei mit einer Gabel rühren, bis sich ein Teigball bildet. Bei Bedarf etwas mehr Wasser zugeben. 2–3 Min. mit den Händen zu einem glatten Teig verkneten.
3. In 6–10 Stücke teilen und diese zu kleinen Kugeln formen. Wieder in die Schüssel legen.
4. Abdecken und 30 Min. beiseite stellen.
5. Eine am besten gusseiserne Pfanne auf mittlerer Flamme erhitzen.
6. Jede **Teigkugel** mit einer Tortillapresse flachdrücken. Dabei beide Seiten der Presse mit Klarsichtfolie auslegen.
7. Alternativ jede **Teigkugel** auf einer Lage Backpapier flachdrücken. Eine zweite Lage Backpapier darüber legen und mit einem Nudelholz runde, 3–5 mm dicke Tortillas mit einem Durchmesser von 15–18 cm ausrollen. Oder Teigkugeln jeweils mit einem schweren Schneidebrett flachdrücken und mithilfe einer Schüssel oder Untertasse Tortillas ausschneiden.
8. **Tortillas** einzeln in die Pfanne geben und auf jeder Seite ohne Öl 2–3 Min. backen, bis sie goldbraun sind und kleine dunkle Stellen haben.
9. Tortillas nach dem Herausnehmen aus der Pfanne mit etwas Wasser besprenkeln. In ein leicht feuchtes Geschirrtuch einschlagen. Fertige Tortillas in dem Geschirrtuch übereinander stapeln und immer wieder zudecken, bis alle fertig sind und serviert werden können.

Variationen:
Scharf: 1/2 TL Paprika- oder Chipotle- bzw. Chilipulver unters Mehl rühren.

Weizenmehltortillas
weiches Fladenbrot für Burritos, Tacos & Enchiladas

5 bis 8 Tortillas / Dauer 20 Min. +

1 1/2 Tassen (180 g) Weizenmehl
1/2 TL Meersalz
1/2 TL Backpulver
2 EL Pflanzenöl
1/3 Tasse (80 ml) Wasser je nach Bedarf

1. **Mehl**, **Salz** und **Backpulver** in einer großen Schüssel vermischen.
2. **Öl** hineingießen. Nach und nach **Wasser** mit einer Gabel einrühren. Mit den Händen den Teig einige Minuten glatt und elastisch kneten. Wenn der Teig zu trocken ist, etwas Wasser hinzufügen. Wenn er noch klebt, etwas mehr Mehl unterkneten.
3. Teig in 5–8 gleichgroße Stücke teilen und diese zu Kugeln formen. Zurück in die Schüssel legen.
4. Abdecken und 30 Min. ruhen lassen.
5. Eine am besten gusseiserne Pfanne auf mittlerer Flamme erhitzen.
6. Auf einer bemehlten Oberfläche mit ebenfalls bemehlten Händen **Teigkugel** flachdrücken. Mit einem Nudelholz in runde, 3–5mm dicke Tortillas mit einem Durchmesser von ca. 15–20 cm ausrollen.
7. Auf jeder Seite ohne zusätzliches Öl oder Fett in der Pfanne ca. 2–3 Min. backen, bis die Tortillas goldbraun sind und kleine dunkle Stellen haben.
8. Fertige Tortillas mit etwas Wasser besprenkeln und nacheinander in einem leicht feuchten Geschirrtuch übereinander stapeln und darin einschlagen. Sofort servieren.

Variationen:
Dinkel: Statt Weizen- gleiche Menge Dinkelmehl verwenden. **Vollkornmehl**: 1/2 Tasse (60 g) Weizen- mit Vollkornmehl ersetzen. **Weizen-Maismehl-Mischung**: 1/2 Tasse Weizenmehl mit 1/2 Tasse Maismehl ersetzen. Bei allen Variationen Wassermenge nach Bedarf anpassen. Der Teig wird nach 30 Min. Ruhezeit automatisch etwas trockener.

20
24
NAYARIT
PP-88-780

für **Kolja Govinda**

Danke
Julia, Mom, Dad, Adam, Spencer, Ian

Jens Neuman, Oliver Schmitt, Ingo Rüdiger
Patrick Bolk, Brit Morbitzer (Ventil Verlag)
Joachim Hiller & Uschi Herzer (Kochen ohne Knochen)
Eric Mirbach (Antagonist & Vegan Good Life)
Bernd Drosihn (Tofutown / Viana)
Chris Cooney & Jon Tedd (The Vegan Zombie)
Ryan & Angela (Smash Transit)
Terry Hope Romero (Kickstarter)
Sascha C. Schalthöfer (Think Vegan)
Jule (Chaostheorie), Christoph (Fast Rabbit)
Jan Bredack (Veganz), Thomas Reichel (Avesu)
Julia Vazquez, Thomas Groemer, Ben Urbanke
Surdham Göb, Sebastian Copien, Nicole Just
Jérôme Eckmeier, Sarah Kaufmann
Felix Carl & Tamara Trölsch, Per Hodgkinson
Vincent Campellone, Dallas Kashuba, Vique Martin
Bram Hubbell, Graham Land, Mark Obstfeld

und **besonderen Dank**
allen meinen treuen Lesern & Kickstarter-Backers in 40+ Ländern

Justin P. Moore
The Lotus and the Artichoke
Vegane Rezepte eines Weltreisenden
neue **WORLD 2.0** Ausgabe
mit über 100 veganen Rezepten

240 Seiten • €19,90 (D)
ISBN 978-3-95575-011-4

Justin P. Moore
The Lotus and the Artichoke
MÉXICO
Eine kulinarische Entdeckungsreise
mit über 60 veganen Rezepten

128 Seiten • €14 (D)
ISBN 978-3-95575-034-3

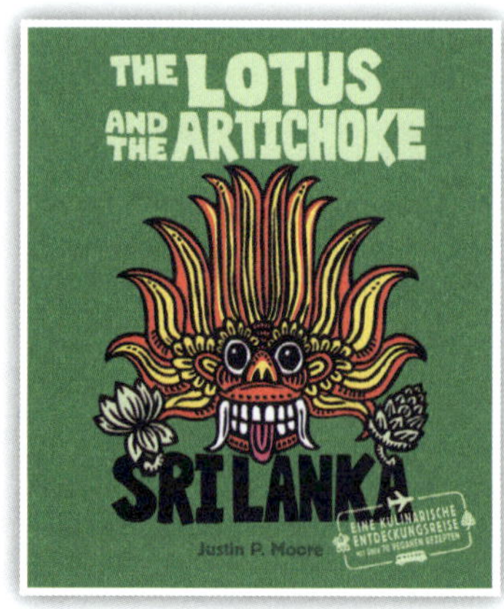

Justin P. Moore
The Lotus and the Artichoke
SRI LANKA
Eine kulinarische Entdeckungsreise
mit über 70 veganen Rezepten

160 Seiten • €14 (D)
ISBN 978-3-95575-046-6

Justin P. Moore
The Lotus and the Artichoke
MALAYSIA
Eine kulinarische Entdeckungsreise
mit über 70 veganen Rezepten

160 Seiten • €14 (D)
ISBN 978-3-95575-063-3

Justin P. Moore
The Lotus and the Artichoke
INDIEN
Eine kulinarische Liebesgeschichte
mit über 90 veganen Rezepten

192 Seiten • €18 (D)
ISBN 978-3-95575-081-7

Justin P. Moore
The Lotus and the Artichoke
ÄTHIOPIEN
Eine kulinarische Entdeckungsreise
mit über 70 veganen Rezepten

160 Seiten • €16 (D)
ISBN 978-3-95575-104-3